AF389947

ESSAI

sur

LES MOMIES.

ESSAI

SUR

LES MOMIES.

A MONSIEUR

le Ministre de l'Instruction Publique.

PAR

J. F. A. PERROT,

ANTIQUAIRE.

NIMES,

IMPRIMERIE VEUVE GAUDE,

BOULEVARD SAINT-ANTOINE.

NOVEMBRE **1845.**

Le **MUSÉE PERROT** se compose des Collections suivantes :

COLLECTION EGYPTIENNE.

Momie et Caisse de la veuve d'Atéphinofré , Grand-Prêtre du Temple d'Amon-Ra , dont les peintures sont expliquées.

Plusieurs Momies , dont une dépouillée de ses bandelettes ; Canopes , Idôles , Papyrus , Stèles et Amulettes.

Collection de 25 Vases Etrusques.

COLLECTION GRECQUE.

LE BUSTE DE SAPHO en marbre. Ce buste magnifique est la plus belle pièce qui existe en Europe.

Armes , Casques , Ceintures , etc.

COLLECTION D'ANTIQUITÉS ROMAINES.

67 Statues , Bustes , Groupes et Bas-Reliefs en marbre.

47 Beaux Vases en bronze , véritable batterie de cuisine. Cette collection est la plus riche d'Europe , après celle de Naples.

50 Statues ou Figures en bronze.

130 Urnes ou Lacrimatoires en verre.

200 Pièces de Poterie , Vases , Lampes en terre.

Médailler , Camées , Pierres gravées , etc.

COLLECTION MOYEN-AGE.

16 Meubles sculptés.

1 Groupe de Paul Vérochio : La Vierge , l'Enfant Jésus et le petit Saint-Jean.

2 Verres gravés par Benvenuto-Cellini. Travail admirable et unique.

2 Vases émaillés , l'un d'Urbino et l'autre de Faenza.

Armes , Tentures , etc.

LE MUSÉE PERROT est visible tous les jours.

Il est situé sur le Canal de la **Fontaine** , 8.

Essai sur les Momies.

———◆◆◆———

A Monsieur le Ministre,

En me chargeant de diriger les fouilles autour
de nos monuments antiques, M. de Villiers-du-
Terrage, préfet du Gard en 1820, aujourd'hui
pair de France, transforma un simple sergent-
major de l'empire, en un zélé archéologue. Il
eut fallu, en effet, être dépourvu de toute intelligence, pour ne pas chercher à éclaircir quelques-uns des problêmes qui se rattachent à ces
admirables restes. Je me livrai donc à l'étude,
et parfois mes efforts furent couronnés de succès.
Le savant magistrat, que je viens de nommer,
m'en témoigna sa satisfaction, et ses éloges re-
doublèrent mon ardeur. Je voulus approfondir
l'histoire de nos monuments romains, et plus

particulièrement celle de la Maison-Carrée, dont j'eus pendant vingt ans la surveillance (1). Plus tard, je fis divers voyages en Italie pour comparer ses antiquités aux nôtres, et je me mis ainsi en état de me former, sur ces dernières, une opinion plus éclairée.

Depuis long-temps occupé à collectionner les précieux débris trouvés non-seulement dans notre ville, mais dans le Midi, autant pour en empêcher la dispersion que pour les sauver d'une

---

(1) Après avoir été chargé pendant vingt ans de la surveillance de la Maison-Carrée, après tant de recherches scientifiques, et, nous pouvons le dire, tant de services rendus à l'archéologie, nous ne devions pas nous attendre à être révoqué. Nous espérions, au contraire, que, par respect pour la liberté des opinions, ceux que nous avions combattus seraient assez généreux pour nous accorder leur estime et leur protection : il en a été autrement.

Ce n'est pas par une brutale révocation qu'on prouve que ses argumens sont meilleurs, c'est par des faits ; ici, au contraire, on a commencé par me révoquer au lieu de me répondre, ou peut-être même parce qu'on n'avait rien à répondre.

Pourquoi vous a-t-on révoqué ? me disait un de mes amis. Allez le demander à M. A. Pelet, lui seul peut expliquer cette énigme, car il est membre de la commission du Musée, inspecteur des monuments historiques, marchand fabricant d'édifices en liège, entrepositaire des tabacs et des poudres à feu, membre de l'Académie du Gard, chevalier de la Légion-d'Honneur, etc., etc. Pour moi, je n'en sais rien ; je ne pense pas que M. le Maire, qui résista pendant treize mois, le sache mieux, et si Messieurs de la commission gardent le

destruction complète, je me flattais qu'un jour notre administration municipale, en en sentant le prix, voudrait en acquérir la propriété. Trompé dans mon attente, j'ai pris la résolution de former, moi-même, un musée. Dans sa composition, et pour que les beaux arts y fussent représentés depuis leur origine jusqu'à l'époque la plus rapprochée de notre siècle, devaient nécessairement entrer les monuments égyptiens, comme appartenant à l'enfance de l'art; or, entre autres anciens objets nous venant de ce peuple, j'ai été assez heureux pour découvrir une des plus belles Momies qui aient été apportées en Europe. La Caisse est richement décorée; l'artiste a pris soin d'encadrer, par une bandelette de plusieurs couleurs, chaque sujet, chaque tableau; point de confusion, une scène dans chaque cadre, rarement deux; et alors elles sont distinctes, la première en ordre devant nécessairement précéder l'autre dans l'explication.

Sans avoir aucune notion de l'étude des monuments de l'Egypte, bien moins encore de celle

---

silence, il faudra nous en rapporter à Esope : « *Si je dis mieux que mon maître, je serai battu.* » Peut-être qu'en lisant la dixième édition que nous allons publier de l'Histoire des antiquités de la ville de Nimes, dans laquelle nous nous proposons de donner un recueil curieux de bien d'utopies, *vous connaîtrez alors la main qui m'a frappé!!!*

des hiéroglyphes qui sont ici partout, et désespéré de n'avoir rien à dire sur un aussi précieux sarcophage, j'essayais devant quelques amis d'expliquer l'analogie qui me paraissait exister entre les grandes figures des tableaux et les caractères hiéroglyphiques placés au-dessus, soit dans des petites bandes, soit dans des encadrements et quelquefois à côté, quand je fus frappé des rapports qui existaient entre les premières et ces derniers ; ainsi, au-dessus de deux grandes figures d'hommes, l'une ayant le bec d'un Ibis et l'autre celui d'un Épervier, sont précisément placées les peintures de ces deux oiseaux. Cette remarque me suggéra l'idée que ces dernières devaient être la légende qui (comme dans ces tableaux du moyen-âge dont les figures portaient à la bouche une banderole écrite pour les expliquer) devait aussi être l'explication des peintures au-dessus desquelles elle se trouve placée. En un mot, je crus que ces cartouches jouaient le rôle de la lettre, mais de même qu'il n'y a pas impossibilité d'expliquer une gravure sans la lettre, je me mis à étudier la pantomime des figures, et je puis le dire, je dois ma découverte à mon ignorance de ce qui a pu être adopté sur ces monuments.

Cela admis, je ne devais plus m'occuper des hiéroglyphes ; je ne devais plus étudier que la pantomime, le jeu des figures, leur pose et leur geste. C'est ainsi que je parvins à expliquer les six premiers tableaux.

Je m'empressai de communiquer ma découverte à **M. J. Reboul**, notre poète, qui eut la bonté de m'en féliciter. Il faut en convenir, cette explication est si naturelle, elle se lie si bien à ce que nous connaissons de l'antique Egypte, de ses cérémonies funéraires et de son histoire ; la suite des tableaux est si bien suivie, chaque représentation étant le complément de celle qui la précède, de manière à ne rien laisser à désirer, qu'il nous semble vraiment exister de suffisantes probabilités pour notre mode d'interprétation de ces peintures.

Un Membre distingué de la Société des Antiquaires de Normandie, me fit l'honneur de me dire que, par cette intéressante explication, je venais décupler la valeur de ce précieux monument.

M. et M.me John-Murray *(Albemarle Street, Londres)*, auteurs du *Hand-Book For Travellers in France (Guide du Voyageur en France)*, s'expriment ainsi à ce sujet :

« Nous avons vu deux cents Momies ; rare-
» ment nous avons donné plus de deux minutes
» à leur examen, n'y remarquant qu'une con-
» servation qui a toujours lieu de surprendre,
» surtout pour des toiles si fragiles et des corps

» si faciles à se décomposer. Nous étions donc
» loin de nous attendre à ce qu'on pût donner
» une explication aussi intéressante que la vôtre,
» aux peintures qui ornent la Caisse de votre
» Momie, et dans lesquelles vous avez su trouver
» la mythologie égyptienne , source où il est
» évident que les Grecs ont puisé la leur. En un
» mot, c'est une histoire , et cette histoire à
» quatre mille ans. »

Plusieurs personnes des plus recommandables
me prodiguèrent des encouragements , et toute
incomplète que fût cette explication , je l'adressai
à M. le Ministre de l'Instruction publique , en
lui demandant les OEuvres de Champollion.
M. Villemain me fit l'honneur de me répondre
comme il suit , en mettant à ma disposition le
Dictionnaire de ce savant égyptologue :

« Paris , 31 août 1843.

» Monsieur ,

» Vous m'avez fait l'honneur de m'écrire pour
» me prier de vous accorder la Grammaire et le
» Dictionnaire de Champollion jeune.

» Le premier ouvrage ne se trouve plus au
» dépôt des livres du Ministère de l'Instruction
» publique ; mais je me félicite , du moins, de
» pouvoir vous offrir le Dictionnaire que vous
» m'annoncez devoir servir à compléter vos

» études sur les inscriptions des monuments an-
» ciens de l'Egypte.

» J'ai lu , Monsieur , avec intérêt , la Notice
» du Musée de Sculpture et d'Antiquités que
» vous avez fondé , et je vous remercie d'avoir
» bien voulu me la communiquer.

» Recevez , Monsieur , l'assurance de ma con-
» sidération distinguée.

» Le Pair de France , Ministre de l'Instruction publique ,

» VILLEMAIN. »

Tant de bienveillance et d'encouragement ont
dû nécessairement m'inspirer le désir de faire
de nouvelles découvertes et mériter une aussi
haute protection. Toutefois , je dois craindre de
ne jamais atteindre le but , et qu'égyptologue
d'un jour , mon œuvre demeure bien imparfaite.

Comme je l'ai déjà dit , ce ne sont pas les
hiéroglyphes que j'ai expliqués : ce sont des
peintures , ce sont des tableaux qui m'ont paru
être la représentation des scènes à la fois religieuses et historiques des croyances d'un peuple
peu connu , auquel cependant on a tant emprunté , et qui ne saurait manquer de frapper le
lecteur par leur coïncidence avec la fable des
Grecs.

J'ai reçu les premières livraisons du Dictionnaire de Champollion , que je dois aux bontés de

M. le Ministre ; mais comme la quatrième n'a pas paru encore, je n'ai pu me servir de cet ouvrage précieux pour étudier les hiéroglyphes de la Caisse de ma Momie, quoiqu'il soit facile, en lisant ma description, de reconnaître que j'y ai déjà puisé quelques notions et fait quelques remarques qui m'ont été d'une grande utilité.

Champollion.

On se rappelle avec quel enthousiasme la précieuse découverte de Champollion fut accueillie. Les journaux proclamèrent les éloges bien mérités qu'en firent toutes les Académies, lorsque devant une société d'hommes illustres et de savants, cet égyptologue lut, sur le papyrus trouvé dans la Caisse de la Momie d'une jeune fille, dépouillée en 1828, dans le cabinet Passalaqua, qu'elle s'appelait *Athénaïs*, *fille du gardien du Petit-Temple d'Isis*, *à Thèbes*.

Ce jour est mémorable dans nos annales scientifiques, de cette époque date une ère nouvelle. L'Egypte, berceau des sciences, des arts, de la civilisation et de la religion, nous était presque inconnue ; à peine si quelques timides voyageurs avaient osé en parcourir les chemins les plus fréquentés ; les relations qu'ils ont donné sont aussi incomplètes qu'inexactes ; les faits historiques, racontés par des Arabes étrangers aux races anciennes qui peuplaient jadis ce pays, dénaturés ou exagérés par les narrateurs qui eux-mêmes ignoraient la langue primitive des peuples, leurs prédécesseurs sur cette terre dont ils ont changé les lois, la religion, les mœurs et les usages. La guerre a tout détruit: religion et civilisation, dieux, temples et villes gisent sous des monceaux de sable; les mêmes lieux qui virent un peuple puissant et civilisé récèlent aujourd'hui une nation esclave et dégradée.

Les seuls restes de tant de puissance, sont ces Pyramides colossales, ces majestueuses ruines de Palmyre et de Balbec, disséminées comme autant de rochers dans ces mers de sables, comme les seules traces des nations puissantes qui peuplaient jadis ces plaines immenses, si fertiles alors, aujourd'hui si arides.

Mais ces montagnes de sables ne recouvrent pas seulement des villes ou des monuments gigantesque (1), sous cette mer mouvante il y a une histoire, une religion, et s'il est vrai, comme l'a dit un savant, que les langues naissent, grandissent, vieillissent et meurent comme les hommes, qui aurait pu nous dire en quelle langue était écrite cette histoire et cette religion. A

----

(1) La découverte toute récente de l'antique ville de Ninive, annoncée par les journaux, prouve que bien de villes dépeuplées et abandonnées ont dû être envahies par le sable.

Champollion était réservé l'honneur de cette découverte. La mort le ravit trop jeune, il est vrai, pour qu'il eût le temps de compléter son œuvre, mais si son Dictionnaire des hiéroplyphes n'a pas donné tous les caractères avec lesquels ce peuple traduisait sa pensée, il nous en a laissé du moins la clef. Cette pantomime écrite, puisée dans les gestes les plus naturels à l'homme, pourra donc être étudiée (1).

Les savants imitateurs de Champollion pourront donc traduire les inscriptions qui décorent les temples. Là ils trouveront les noms de ces puissants souverains qui les firent ériger pour illustrer leur règne. Sur les papyrus, ces manuscrits des prêtres d'un bœuf-dieu (Apis), on trouvera le motif mystérieux de ces constructions qui étonnent notre intelligence et ressemblent aux œuvres d'un peuple de géans. En admettant qu'on lise tous ces cartouches on pourra rétablir cette longue suite de princes qui régnèrent sur ce beau pays. Ce triomphe sera dû à la précieuse découverte de l'homme de génie, dont nous déplorons la perte.

---

(1) Nous ne sommes pas assez versé dans cette science pour nous permettre de décider si à tort ou à raison l'on a critiqué l'œuvre de cet auteur, mais qu'il nous soit permis de dire que les critiques nous semblent s'être un peu trop hâtés dans leurs jugements : cette question méritait un mûr examen.

Déjà beaucoup de savants ont étudié ces belles pages de l'histoire égyptienne, et nous devons à leurs recherches des découvertes précieuses ; ainsi seront connus les noms des princes qui, pour leur sépultures firent élever ces gigantesques pyramides et creuser ces non moins étonnantes grottes de la vallée de Biban-el-Malouk, qui ressemblent à des palais souterrains construits par plusieurs générations successives.

Un célèbre égyptologue anglais, *sir Gardner Wilkinson*, qui a publié un ouvrage sur l'Egypte et les hiéroglyphes, nous ayant fait l'honneur de visiter notre collection, a eu la bonté de lire quelques cartouches d'un des monuments égyptiens que nous possédons.

Plusieurs savants ont aussi essayé d'expliquer nos monuments, leurs tentatives nous ont prouvé que ces Messieurs voyaient des hiéroglyphes et des signes symboliques partout. Les figures et les moindres ornements avaient pour eux une valeur énigmatique et demandaient une science toute spéciale pour les interprêter ; aussi aucune n'a franchi la barrière que leur opposait les grandes figures, aucune n'a supposé la possibilité que les personnes chargées de décorer ces sarcophages eussent eu l'idée de faire des tableaux remplaçant la parole par une pantomime énergique et simple à la fois, et qu'ils eussent ainsi tracé une histoire dans des cadres.

Je fus frappé de cette idée la première fois que je voulus étudier un monument égyptien. Il me sembla que le peintre, en plaçant entre les figures des cartouches des hiéroglyphes ou d'autres cartouches qui précèdent les tableaux, avait fait comme firent plus tard nos peintres du moyen-âge lorsqu'ils mirent à la bouche de leur personnage une bandelette écrite. Ainsi, dans un tableau représentant la Salutation Angélique, on lisait sur la légende : *Ave Maria*. Ce n'était pas littéralement la lettre du tableau, mais il y avait quelque chose de si relatif au sujet qu'il devait nécessairement aider à l'interpréter. Ne sachant pas lire ces légendes j'ai étudié la pantomime des figures, j'ai suivi et rapproché l'interprétation de chaque tableau. Je laisserai au lecteur le soin de juger si j'ai réussi et celui d'apprécier ma découverte, je dirai seulement qu'elle a paru si étonnante qu'on a eu de la peine à y croire.

Le lecteur en jugera par la scène que nous rapportons ici :

« Savez-vous lire les hiéroglyphes ? » me disait un jour le baron B...., auquel j'offrais l'explication des peintures qui décorent un sarcophage égyptien. « Je repondis que non, mais » que je n'en avais pas besoin puisque c'était en » étudiant la pantomime que j'étais parvenu à » les expliquer. »

« Ce que vous dites là est absurde , reprit-
» il ; comment prétendez-vous deviner des signes
» mystiques et symboliques dont les prêtres seuls
» avaient l'intelligence et que nul n'a pu com-
» prendre ? car si nos savans , et ils sont nom-
» breux , ont lu toutes les stèles et les inscrip-
» tions des Monuments égyptiens, nul n'a encore
» expliqué les peintures qui ornent les caisses des
» Momies.

» Depuis vingt ans j'assiste à leurs cours , j'ai
» entendu tout ce qui a été dit à ce sujet , et
» j'avoue que les descriptions qu'on nous a faites
» n'ont guère satisfait ma curiosité ; je ne veux
» pas en entendre d'autres. »

Moins mon noble visiteur était disposé à m'entendre et plus je tenais à lui faire part de ma
découverte. Je comprenais que j'avais devant
moi un homme instruit , je me serais humilié
pour le déterminer à m'écouter, je désirai pro-
voquer sa critique , et je lui parlai de la lettre
encourageante de M. Villemain , ministre de
l'instruction publique , qui avait eu la bonté de
m'envoyer le Dictionnaire de Champollion , des
nombreux souscripteurs qui m'avaient demandé
l'ouvrage que j'avais publié , enfin il céda à mes
instances.

Je lui expliquai les tableaux qui ornent la
Caisse et son couvercle. Après quelques instans
de réflexion il s'empara d'un registre ou figu-

raient les noms d'une centaine de souscripteurs, à la suite desquels il s'inscrivit, non sans s'interrompre plusieurs fois pour tourner les yeux vers la Momie en s'écriant : « C'est étonnant, » c'est admirable ! »

Après sa retraite je lisais sur mon livre : « A » M. Clouqueur, chef de bureau au Domaine » privé de sa Majesté le Roi des Français, rue » Veaugirard, 39, à Paris, pour y être déposé » jusqu'au retour du baron B..., recommandé » aux soins obligeants de M. Clouqueur, etc. »

Il est inutile de dire qu'en général tous les visiteurs ont à peu près montré la même incrédulité, et le même enthousiasme après ma description.

Ce qui servira à prouver que jusqu'à ce jour ces Monuments n'ont pas été expliqués convenablement et qu'ils sont encore des énigmes.

Les arts et les sciences sont frères et sœurs, rarement ils se dévancent ; or, comment supposer que l'artiste qui n'a su représenter que des personnages en profil, des silhouettes, qui n'a aucune connaissance des plans et de la perspective, qui a donné à ses figures des formes maigres et étriquées, dont les gestes n'ont que la plus simple expression de la nature moins l'animation, qui, en un mot, ignore toutes les règles du dessin, ait possédé cette haute intelligence qu'on lui suppose, et que prouveraient ces mêmes peintures , si en effet elles étaient emblématiques et symboliques.

C'est ce fatal prestige qui a empêché jusqu'à ce jour d'interpréter des figurés qui pouvaient non-seulement nous donner la connaissance des rites funèbres de ces peuples , mais encore celle de leurs croyances religieuses.

Pour ce dernier point , notre découverte aurait un résultat immense. Mais ici la crainte nous arrête ; égytologue d'un jour , pouvons-nous nous élever contre ce qui a été dit et écrit par des hommes haut placés dans la science , pourrons-nous renverser ce qui a été reçu comme dogme , adopté par tous les professeurs ; en un mot , ce qu'on enseigne dans nos écoles , dans toutes les maisons d'éducation.

L'illustre Bossuet a dit qu'en Egypte : « Tout était Dieu. hors Dieu. » Les professeurs disent « que les Egyptiens adoraient tout. » Et cette opinion est celle qui a prévalu depuis Hérodote jusqu'à ce jour (1).

Comment oserais-je m'élever contre un tel jugement ? Ma faible voix sera-t-elle entendue ? Cependant des hommes sages et justes sont ca-

---

(1) Nous prions le lecteur de ne pas oublier que nous ne sommes qu'un ancien soldat de l'empire, dont l'éducation a été manquée ; si la découverte de l'auteur a le bonheur de l'intéresser , l'écrivain réclame son indulgence.

lomniés, ces hommes sont nos ancêtres (1), nous descendons d'eux, ils nous ont transmis leur civilisation, leur science en astronomie, tout nous vient d'Egypte et nous avons méconnu leur sagesse, et nous avons cru qu'ils étaient idolâtres ; nés sur le sol où, selon notre religion, s'opéra le grand œuvre de la création, nous avons supposé qu'ils méconnaissaient le Créateur et qu'au lieu d'adorer un seul Dieu tout-puissant, ils s'étaient fait des dieux de toutes les créatures.

Nous avons mal traduit jusqu'à leur Ecriture, mal interprété la valeur des titres. Nous avons lu Dieu, là où il fallait lire : Grand, puissant, glorieux, pieux, saint ou conquérant. De là, sont nés ces trente mille dieux que nous avons accusés les Egyptiens d'adorer, réclamant l'indulgence pour nous, nous n'avons pas su être indulgent pour eux.

---

(1) 1352 ans avant notre ère, une émigration de Tyriens, conduite par un chef nommé *Némaus*, s'empara de tout le littoral de la mer jusqu'au détroit de Calpé (Gibraltar), établissant des comptoirs sur toute la côte (Thiery).

900 ans avant J. C., les Rhodiens, devenus si puissants, s'emparèrent des comptoirs des villes et du commerce des Tyriens et fondèrent plusieurs villes (Pline, Strabon).

582 ans avant notre ère, les Phocéens fondèrent Marseille, et 262 ans après ils s'emparèrent du Languedoc jusqu'à Barcelonne (Pline, Strabon, Thiery, M. de Lagoy). Tous ces peuples étaient originaires d'Egypte.

(*Voy.* nos lettres sur Nimes et le Midi.

Le lecteur consciencieux nous jugera ; mais, nous devons le dire, là ou tous les auteurs ont cru voir des dieux, nous ne voyons que des constellations ou des vertus personnifiées. C'est ce que nous tâcherons de prouver après avoir parlé des Momies et expliqué les peintures qui décorent notre sarcophage.

UN MOT

SUR

LES MOMIES EN GÉNÉRAL.

—

CORPS CONSERVÉS SANS PRÉPARATION , MOMIES EMBAUMÉES ,
OPÉRATION DE L'EMBAUMEMENT.

Le climat de l'Egypte est peut-être le plus propre à conserver les corps et à les momifier, si je puis employer ce terme , et j'ai vu dans plusieurs relations que des malheureux voyageurs, morts en route, avaient été retrouvés long-temps après par leurs compagnons dans un état de conservation étonnante , desséchés seulement, leurs traits ayant conservé tous leurs caractères, et pouvant être parfaitement reconnus.

L'abbé Maillet dit qu'il a vu un cadavre qui ne pesait pas plus de quatre livres , tant le terrain sec et nitreux l'avait desséché sans le corrompre ni le décomposer (1).

---

(1) Il faut supposer qu'il était mort depuis bien long-temps, ou que ce rapport est exagéré.

Dans d'autres conditions, sans doute, le même phénomène s'est opéré ; par exemple, les catacombe de Saint-Michel à Bordeaux, renferment plus de trente corps parfaitement conservés ; à Bergame, nous avons vu dans l'ancien couvent des Augustins, qu'on avait transformé en caserne, un corps placé dans une tombe en marbre, incrustée dans le mur ; c'était celui d'un médecin, mort depuis un siècle, dont la peau semblait tannée et presque collée aux os, mais dans un état de conservation admirable, à tel point que le gardien du cimetière l'avait dressé dans une niche, comme une statue. Mais, comme le peuple criait au miracle, et en faisait un saint, que déjà on accourrait pour le voir, chacun voulant y faire toucher un mouchoir ou autre chose, ce qui ne rapportait pas mal au gardien du champ du repos et à plusieurs industriels qui se servaient de longs roseaux pour y atteindre ; l'autorité ordonna d'inhumer ce mort qui commençait à faire trop de bruit parmi les vivans, car les crieurs publics vendaient par les rues un imprimé contenant la vie de ce personnage, qu'un hasard rendait si inopinément célèbre (1).

---

(1) Les trois exemples que nous venons de citer diffèrent évidemment de cause : en Egypte la conservation serait attribuée à la grande sècheresse et à la qualité de la terre ; à Saint-Michel, le caveau, nous le croyons du moins, doit

On a découvert depuis peu , dans l'ancien couvent des Carmélites , transformé nouvellement en caserne de gendarmerie à Perpignan , le corps d'une sœur supérieure de cette communauté , morte depuis cent soixante-six ans , dans un état de conservation si parfaite , que la peau est sensible au toucher , et cède à la pression ; elle est couleur jaune de cire.

L'on pourrait citer un grand nombre de faits semblables , pour prouver que les corps peuvent être conservés sans aucune préparation ; telles ne sont pas les Momies, et les Egyptiens avaient un trop grand respect pour leurs morts , pour attendre du hasard ce qu'ils pouvaient obtenir de leurs connaissances chimiques.

L'usage de conserver les morts (1) date de

être humide ; je n'ai aucune connaissance des qualités de l'air atmosphérique , mais à coup sûr , le corps retrouvé en 1811, au couvent des Augustins , situé à la haute ville de Bergame, dans une salle vaste qui contenait quarante lits , dans une tombe saillante de la moitié de sa largeur sur le mur , ne présentait aucune des conditions ci-dessus.

(1) M. Champollion-Figeac explique comme moyen d'hygiène l'usage d'embaumer les morts dans un pays dont la chaleur est excessive. Le Nil, en débordant , couvre les terres dans toute la largeur de la vallée de l'Egypte , et , outre que ses eaux charrient une infinité de cadavres d'hommes et d'animaux , elles déterrent les corps déposés aux cimetières , et bientôt ceux-ci , mis en putréfaction , causent ces pestes qui ravagent le monde , et dont le foyer est toujours l'Egypte.

Une longue expérience avait enseigné à ses prêtres les

l'époque la plus reculée ; et sans doute l'idée en vint de la conservation naturelle de quelques corps retrouvés, ou dans des tombes, ou dans les sables, ainsi que nous l'avons dit. Quoi qu'il en soit, dès qu'une personne de bonne maison était morte, le corps était livré aux embaumeurs, qui le vidaient complètement, ayant soin d'embaumer les entrailles, le cœur et la cervelle, qu'ils plaçaient dans un vase ou urne nommé *canope* ; cette urne, qui est toujours de marbre

---

moyens de s'en préserver. Si l'on embaumait avec un grand luxe le corps des Princes, des Prêtres et des personnes riches, on ne négligeait pas celui des pauvres ; les premiers se faisaient construire des tombeaux somptueux ; les derniers, quoique ne recevant qu'une préparation inférieure, étaient cependant assez embaumés pour ne pas se corrompre, et on les transportait dans la tombe commune, véritable catacombe où ils étaient empilés contre le mur, par couche et par lit, comme on arrange des pièces de bois dans un magasin ; les têtes placées en dehors, portaient un inscription qui disait le nom de chaque individu.

Cette pratique était d'un grand intérêt pour les revenus du culte, car les embaumeurs faisaient partie du sacerdoce.

Vers le milieu du quatrième siècle, saint Antoine, qui prêchait dans ce pays, défendit, sous peine de damnation éternelle, d'embaumer les corps ; ce qu'il appelait l'idolâtrie des morts, et les pestes, dont l'histoire de l'empire égyptien n'a jamais parlé, commencèrent depuis cette époque.

L'opinion du savant dont nous invoquons ici le témoignage, se trouve corroborée par la présence dans les tombeaux, de Momies de chats, de chiens, de crocodiles, d'Ibis, etc., etc.

ou d'albâtre oriental , est décorée d'un cartouche , de signes ou de caractères hiéroglyphiques qui , le plus souvent , n'expriment qu'une prière , ou le nom de l'individu dont elle contient le cœur ; elle est recouverte par une coiffure qui s'enchâsse , s'adapte au vase , et qui a la forme ou la figure d'un Orus , d'un Ibis ou d'un Annubis , selon la congrégation à laquelle le mort appartenait (1).

Plusieurs savants ont pensé qu'une incision était faite au-dessous de l'oreille , par où l'on vidait le crâne. J'ai prouvé , par une expérience faite sur une Momie que je possédais en 1829, et que je répétai peu de temps après devant M. Darcet , qu'on avait dû percer l'etmoïde et le sphénoïde , et qu'ensuite on avait dû retirer la cervelle avec des crochets , ou bien qu'avec une sonde flexible et quelques liquides , on l'avait délayée et ensuite retirée avec une pompe aspirante.

L'on injectait le corps avec du Natrum (Natron) , produit salin que l'on obtient par l'évaporation spontanée de l'eau de certains lacs de l'Egypte , ou avec des eaux de rose ou de jasmin. Enfin , l'intérieur du corps était rempli de baume de momie , espèce de résine qui découle

_____

(1) *Voir* , dans notre cabinet , les n.ᵒˢ 248 , 219 et 219 *bis*.

de l'arbre qui porte ce nom, et qui est peut-être l'origine du nom donné aux Momies elles-mêmes.

Précédemment le corps avait été lavé extérieurement avec des eaux plus ou moins précieuses, selon la fortune de la famille, et complètement nettoyé de toutes souillures.

Des bandelettes, d'environ quatre pouces de largeur, d'une toile admirablement tissée avec de l'écorce d'arbre (du papyrus ou du bissus) et d'un grain parfaitement régulier, étaient saucées dans du baume de momie fondu et bouillant ; on commençait par envelopper chaque doigt séparément, ensuite les mains et les bras, puis prenant les mêmes précautions pour les pieds et les jambes, les bandelettes se trouvaient interposées entre toutes les parties du corps, de manière à empêcher tout contact ; cinq ou six couches successivement imbibées recouvraient le tout ensemble. Ce baume ou cette résine, une fois refroidi, devait nécessairement empêcher l'air de pénétrer jusqu'aux chairs. Trente et quelquefois cinquante tours de bandelettes gommées emmaillottaient le tout, et une toile plus fine encore couvrait, comme un suaire, toutes les bandelettes (1).

---

(1) Les recherches du savant Champollion nous ont prouvé tous les progrès que les arts et la fabrication avaient fait chez les peuples de l'Égypte, dès la plus haute antiquité. Tous

Le corps, ainsi préparé, était placé dans sa bière et laissé dans la chambre mortuaire ; alors les embaumeurs sortaient furtivement de la maison, car ordinairement ils étaient poursuivis à coups de pierres (1).

Cette préparation durait, dit-on, de soixante à soixante-dix jours. Le convoi funèbre avait lieu après ; il y avait exposition du corps, et l'on y déployait, disent les ouvrages que j'ai consultés, un luxe inoui.

Nous ne prétendons nullement faire ici un cours pour démontrer les divers moyens employés par les Egyptiens pour embaumer les morts ; s'il nous a paru indispensable d'effleurer cette question pour donner une idée de cette opération à ceux de nos lecteurs, qui ne se livrent pas à l'étude des ouvrages chimiques et pharmaceutiques, c'est que nous avons pensé que ces détails leur feraient plaisir.

Avant de passer à l'explication des peintures qui décorent l'un des plus beaux sarcophages que

---

les tissus leur étaient connus, et ils employaient dans la teinture des étoffes tous les procédés et toutes les matières colorantes connues de nos jours. La blancheur et la finesse de leurs tissus de lin étaient extraordinaires ; aussi servaient-ils généralement à vêtir les prêtres et les souverains. Tels ouvrages se composaient de fils tordus et formés de trois cents brins tous visibles, etc.

(1) Châteaubriand.

nous ayons vu, nous devons prévenir le lecteur que tout ne doit pas être expliqué dans un tableau ; ainsi que par erreur quelques auteurs l'ont cru ; par exemple, en expliquant l'une des plus belle s pages de notre compatriote Sigalon, faudrait-il donner une interprétation aux serpents qu'on aperçoit entrelacés aux ronces? à ce chat-huant qui semble venir planer sur le cadavre de la victime des essais de Locuste ? à cette lune à demi-voilée par les nuages d'un ciel orageux? Non, ce sont des accessoires qui n'ont d'autre valeur que celle d'ajouter à l'effet par le rapport qu'ils ont avec le noir du sujet, si je puis m'exprimer ainsi.

Dans nos cérémonies funèbres, celui qui narrerait une scène, donnerait-il une explication pour chaque groupes de larmes ou d'os en sautoirs qui décorent les draps mortuaires ou le catafalque? Or, il en est de même ici, nous voyons des yeux ailés, des aspics, des serpents, des vases, des étendards même, mais tout cela n'est que décor, et cependant ce décor est analogue au sujet.

C'est ainsi que dans les six premiers tableaux qui appartiennent aux rites funèbres, nous trouvons tous ces signes de deuil et de mort, tandis que dans les derniers nous ne voyons que les symboles de la vie heureuse, de la vie céleste (croix ancée) mêlés aux palmes de la justice et de la vertu.

EXPLICATION

DES

PEINTURES.

—

Nous avons déjà dit que la Caisse qui contient le corps de la Momie est décorée de peintures qui sont divisées en tableaux, au moyen de petites bordures de plusieurs couleurs qui les encadrent; nul doute que l'intention de l'artiste n'ait été de traiter une action, une scène, un sujet, dans chaque cadre; toutes les figures doivent y jouer un rôle qui doit compléter l'œuvre ou l'histoire qu'il a voulu représenter.

Cela admis, nous allons donner l'historique des nombreux tableaux qui décorent ce sarco-

phage, tel que nous l'avons interprété d'après
la signification et la pantomime des figures.

PREMIÈRE PARTIE.

PREMIER TABLEAU.

N.º 1. — L'Ame en peine invoquant la clémence Divine.

Au sommet de la partie inférieure de la Caisse
qui contient la Momie, nous voyons une femme
prosternée, élevant les bras au ciel pour implorer
la justice divine. C'est sans doute l'âme en peine
de la défunte, des juges (ou des jurés seulement),
armés de fléaux, semblent garder ce sanctuaire
où figurent les symboles de l'Amenthi, l'œil ailé,
la croix ansée, l'épervier coiffé du disque, image
de l'esprit céleste du dieu de la lumière ; mais
surtout les grandes palmes symbolisant la justice
et la vertu, et qui sont ici placées sur des autels.

On pourrait donc dire qu'elle invoque la justice
et la vertu.

N.º 1 *bis*. — Sacrifice aux dieux funèbres.

Ici commencent les cérémonies funèbres qui
étaient en usage chez les peuples de l'Egypte.

5.e
6.e Tab

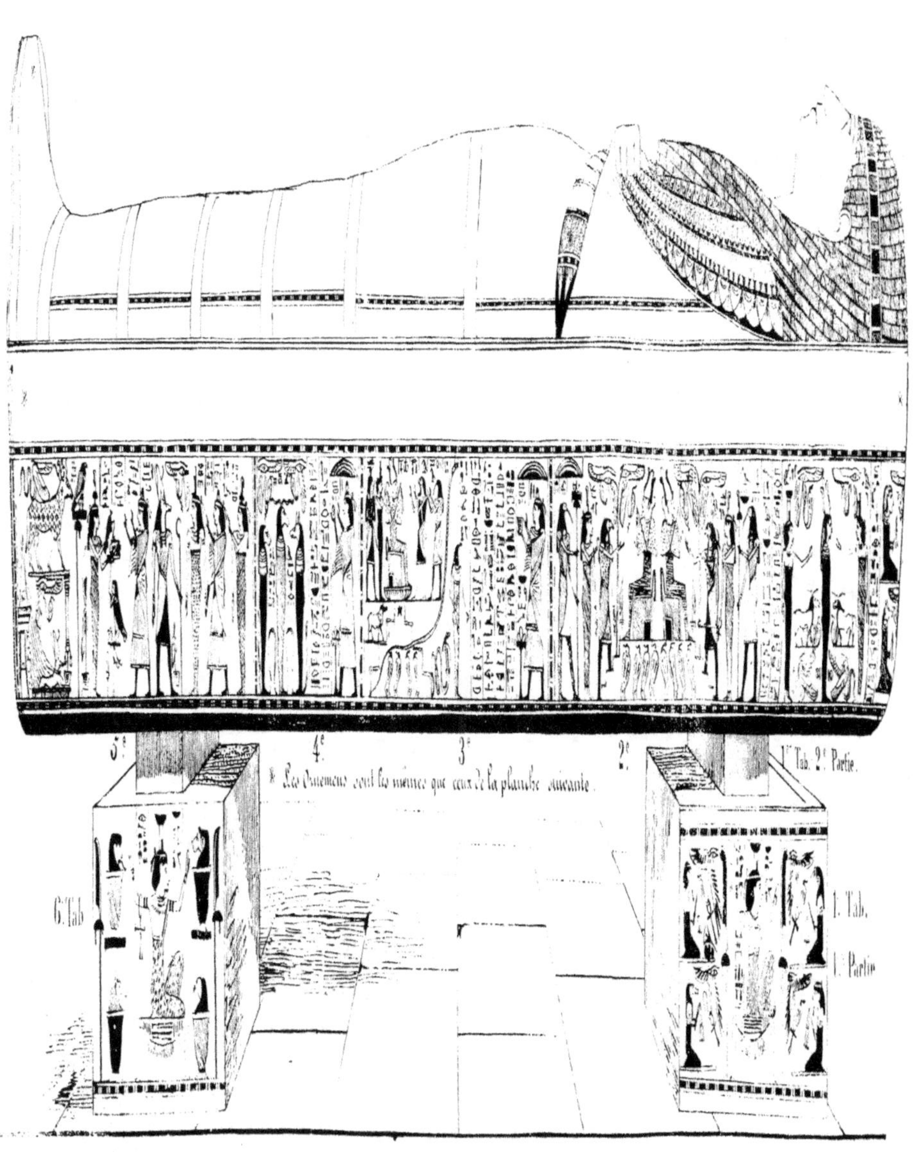

Momie du Musée **PERROT**, expliquée d'après les Peintures.

Comme chacun sait , les morts étaient jugés immédiatement après le décès, une enquête avait lieu , et les parents devaient tenir infiniment à ce que la décision de l'aréopage fût des plus favorables : l'honneur de la famille entière y était intéressé. Dès-lors, pour se rendre les juges propices, on faisait intervenir les génies funèbres, on leur consacrait des offrandes, et des sacrifices avaient lieu à cette occasion.

Parmi quelques figures symboliques, nous voyons deux servantes de la maison du défunt (1), qui viennent offrir deux boucs à *Maut* , *génie funèbre* (G. Wilkinson), dont le caractère est indiqué par la présence des aspics ailés (2) , qui sont représentés sous la base de la statue du génie.

L'interprétation de ce tableau pourrait se résumer par un seul mot , *offrande* ou *sacrifice*.

DEUXIÈME TABLEAU.

L'aréopage ; deux juges reçoivent la déposition des témoins. Là sera rédigé le certificat de bonnes vie et mœurs du mort, sans lequel il ne pourrait obtenir les honneurs funèbres et une place dans les Champs-Elysées.

Un aréopage est réuni ; il se compose de deux magistrats qui siègent ; ils sont armés chacun

---

(1) Le caractère de servitude est indiqué par un vase sur a tête (Cariatide .

(2) L'aspic , dont la piqûre cause la mort instantanément, était regardé comme le symbole de la mort (Dupuy).

d'un fléau pour punir et d'un bâton pastoral pour absoudre : ce sont les symboles de la rigueur unie à la clémence.

Six bons génies ou six témoins, ayant divers attributs et portant des masques différents, semblent prêter serment et attester que le mort a tenu pendant sa vie une conduite irréprochable. Les yeux de la justice divine sont ouverts sur son passé. Là doit être rédigée l'histoire de sa vie et de ses actions : certificat sans lequel il ne pourrait obtenir une place honorable aux champs du repos.

Les figures ou les masques des génies qui, comme des témoins, viennent déposer ici, nous suggèrent une réflexion.

Ces témoins pourraient être les personnes les plus notables de la rue, du quartier où est mort l'individu ; en un mot, ceux qui mieux que tous autres peuvent donner des renseignemens exacts sur la vie du défunt, si le mort appartient à une famille élevée, ce ne sont plus de simples particuliers qui viennent joindre leurs témoignages et leurs lumières à ceux des juges de cet aréopage, mais les grands dignitaires de l'état. En effet, outre qu'ils tiennent en leurs mains les signes qui caractérisent l'autorité, leur figure est celle des chefs de congrégations, telles que celle d'Ibis, de Thméi, la justice et la vérité, d'Osiris, d'Isis ou Io, etc., et l'on sait que l'Egypte était toute congréganiste.

Ainsi, sous l'empire, le seul ordre un peu important en France, était la franc-maçonnerie, et le chef du Grand-Orient était Cambacérés. En admettant que le pays eût été divisé en plusieurs ordres, comme était l'Egypte, un artiste qui eût voulu en désigner les chefs par leurs attributs, eût été obligé de donner à celui-ci une équerre et un compas.

C'est ainsi que je désignais les témoins dans la notice que j'eus l'honneur d'adresser à Monsieur le ministre de l'instruction publique pour lui communiquer ma découverte ; je cherchais autant que possible à justifier par des rapprochemens ce que ces figures, dont j'étais loin de comprendre l'allégorie, avaient de bizarre, mais depuis cette époque, et grace aux noms que leur donne Champollion, je crois avoir trouvé une explication qui convient mieux à leur caractère et au rôle qu'ils jouent.

Le premier témoin, qui a la tête et le bec d'Osiris (un épervier), tend la main droite vers les juges, et tient dans la gauche un bâton recourbé en forme de crosse qu'il abaisse. Ce bâton à une époque plus rapprochée, c'est-à-dire chez les Grecs et les Romains, est devenu le signe des augures, et la marque distinctive du sacerdoce.

Ce premier témoin pourrait donc être un prêtre d'Osiris, en un mot, la religion personnifiée,

qui viendrait attester que cette femme était religieuse et remplissait avec zèle ses devoirs
pieux.

Le second témoin porte sur sa tête la palme ou
une plume d'autruche , emblême de la justice
et de la vertu (Thméi); elle vient déposer que
la défunte était juste et vertueuse.

Le troisième, porte le bec d'Ibis , emblême
de la prudence et de la sagesse , et sur un éten-
dard qu'il tient d'une main figure la palme de
la vertu. Nul doute qu'il atteste qu'elle était
aussi juste que vertueuse , aussi prudente que
sage.

Les trois témoins qui occupent le côté op-
posé du tableau semblent donner les mêmes attestations ; les deux premiers tiennent , dans
leurs mains , une croix ansée qui est l'emblême
de la vie céleste (1). Il semblerait qu'ils viennent non—seulement affirmer la déposition des
premiers témoins , mais encore demander l'admission de cette femme dans le ciel.

Le troisième témoin porte un laborum sur lequel on voit un ciel et des fruits pour attester
qu'elle a mérité la jouissance des biens célestes(2).

------

(1) Dictionnaire de Champollion.

(2) Les Egyptiens espéraient que les élus jouiraient dans le
ciel de tous les fruits , sans avoir aucun des soins de la culture.

Ce serait, en un mot, les vertus personni-fiées, qui déposeraient en sa faveur.

Si tous ces personnages sont, comme nous l'avons supposé, des vertus personifiées ou des chefs de corporation religieuse, on aurait erré pendant bien long-temps en les prenant pour des Dieux, et tout nous démontre que cette version est une erreur. Supposons une enquête semblable faite il y a un demi-siècle : qui aurait pu amener, devant des commissaires ou des juges, un capucin avec sa barbe et son capuchon, un dominicain, un franchiscain, un pénitent avec son masque en toile, etc., est-il impossible qu'un tel tableau dût paraître dans quelques siècles aussi énigmatique que celui que nous venons d'expliquer.

TROISIÈME TABLEAU.

La défunte présente son certificat et son histoire écrite dans le cartouche d'hiéroglyphes qui la précède, au juge ou commissaire-directeur des cimetières, afin d'en obtenir l'entrée du champ du repos. Deux génies plaident sa cause devant ce magistrat.

Ici commence pour nous une série de faits plus intéressants. Voici une femme, un bandeau et une petite couronne sur la tête, petit tablier, manches larges et courtes ; jupes jusqu'à mi-jambes (1) ; toute cette toilette est d'une étoffe fond blanc rayée de rouge. Un beau collier entoure son cou ; des bracelets en émail ornent ses bras ; elle tient en main un vase dans lequel elle présente le feu sacré dont elle a été animée pour la religion et le bien public, emblème de son zèle, de son admiration et de son respect pour les choses saintes ; un dais recouvre sa tête (2).

---

(1) En décrivant le costume des Egyptiens, **M. Champollion** dit : « Les femmes portaient, avec la tunique, d'amples vêtements en *lin* ou en *coton*, de couleur blanche unie ou rayée; leur chevelure était artistement soignée ; leur tête, leurs oreilles et leurs mains étaient ornées de bandeaux, de boucles et d'anneaux. »

(2) Tout en nous félicitant d'une découverte aussi intéressante, un membre de l'Institut, connu par ses vastes connaissances, nous dit : « Ce que vous prenez pour une femme, **M. Perrot**, » est un homme : les premières sont toujours représentées » par la couleur blanche, et cette figure-ci est brun-rouge. »

Or, nous nous permettrons de faire observer que cette figure, qui porte tout le costume d'une femme, n'a pas la barbe qui caractérise toujours le sexe masculin : Champollion, dans son *Dictionnaire des hiéroglyphes*, pag. 39, semble avoir décidé cette question en notre faveur. On lit dans une note :

« Règle générale, l'appendice au menton, dans les » figures indiquant la barbe, caractérise les figures d'hommes. »

Champollion-Figeac, *pag.* 317, dit : « Les monuments » ont prouvé que la mère d'Aménophis III, femme de » Thoutmosis IV, nommée Tmou-Hemva, était noire et » originaire d'Abyssinie (Egypte ancienne, 1839.) »

(*Voir* la note après l'explication du XII.me tableau.)

Devant elle est un grand tableau ou cartouche de hiéroglyphes ; nul doute , c'est son histoire, c'est le certificat rédigé par l'aréopage qui précède ; en un mot, c'est le résultat de l'enquête qui sera pour elle la plus puissante recommandation, sans laquelle elle ne pourrait obtenir une place honorable au champ des morts.

Sir Gardner Wilkinson , membre de *Oriental-Clubs* de Londres, qui a fait plusieurs voyages en Egypte, et savant égyptologue , a lu dans ce cartouche : « Atéphinofré, veuve de Phinofré, grand-prêtre, scribe du temple d'Amond-Ra, à Thèbes.»

Cette femme , qui est ici représentée, c'est celle qui est couchée sous vos yeux , sous ces toiles antiques qui la couvrent encore comme au jour où elle fut déposée dans ce riche cercueil , qu'une main habile a si bien décoré , et sur lequel il a représenté l'histoire de son pays , ses rites, sa religion , ses cérémonies funèbres et ses croyances, jusqu'à ce jour si peu connues: cercueil confié peut-être à l'une de ces gigantesques Pyramides non loin de Thèbes , archives d'un passé si éloigné de nous et qui prirent soin de conserver ce précieux dépôt pour nous le montrer après quarante siècles !

A l'extrémité du même tableau, nous voyons l'intendant des sépultures qui siégeait de l'autre côté du lac Mœris , commissaire chargé d'inscrire les morts dont il tenait registre , ainsi que les certificats qui lui étaient remis ; ayant de plus la direction des cimetières. Il a tous les caractères d'un juge ; comme lui, il est armé du fléau et du bâton pastoral, et coiffé de la mitre comme ceux du tableau précédent ; il est assis sur un siège élevé, au pied duquel sont plusieurs aspics, symboles de la mort. Nul doute que c'est le juge qui, d'après les bonnes attestations contenues dans ce certificat, doit décider de son sort.

Deux génies, sous les figures d'Ibis et d'Osiris, plaident la cause de la suppliante, et viennent encore ajouter leurs éloges au contenu du certificat, de même que nos amis prononcent un discours sur la tombe ; et pendant que cette scène se passe, un scribe armé d'un *stil* lit le certificat. Derrière le juge, sont placés deux autres génies qui, comme deux serviteurs, attendent ses ordres ; l'un, sous la figure d'Isis, ou le bon, qui doit conduire Atéphinofré au jardin des justes et des vertueux (2) ; l'autre, dont le nom

---

(1) Le siège sur lequel est placé ce juge est élevé sur *quatre* marches ou gradins, comme celui des deux juges précédents, mais dans l'Amenthi (X.ᵉ tableau) le Dieu Orus est placé sur une estrade élevée de cinq marches.

Nous espérons que cette note sera de quelque utilité à M. Passalaqua, directeur du musée Egyptien, pour l'ouvrage qu'il publie en ce moment, à Berlin, sur cette question importante.

(2) On voit au-dessous un jardin et deux palmes.

nous est inconnu et qui est armé de deux bâtons, doit être le mauvais, chargé de jeter
les corps des méchants dans la fosse commune,
ou même aux Gémonies où la terre leur est refusée (1), et où il serait dévoré par le monstre
qui est représenté ici (Hippopotame).

---

(1) Nous croyons devoir rendre compte d'une observation
qui nous a été faite par un visiteur, au sujet de cette expli-
tion : « Où les scènes que vous expliquez, me disait-on,
» sont de pures fictions, ou elles sont la représentation de
» ce ce qui se passait lors de la sépulture d'un grand per-
» sonnage ; dans ce dernier cas, il ne peut y avoir auprès
» d'un commissaire qui a des fonctions toutes terrestres, un
» bon et un mauvais génies, ce qui supposerait un envoyé
» du ciel et un esprit infernal. »

L'homme est toujours porté par la reconnaissance à donner
le titre de bon à celui qui lui fait, ou qui par son essence
peut lui faire du bien, et de mauvais à celui dont il a ce
principe en horreur, et qui doit être porté à lui faire du mal.
Combien de personnes aujourd'hui frémissent à l'aspect d'un
corbillard, des croque-morts, à plus forte raison à celui d'un
exécuteur des hautes-œuvres.

Ici, nous voyons sous les traits gracieux et doux d'Isis,
le génie qui fait ouvrir les portes des Champs-Elysées ; c'est
lui qui conduira notre héroïne à travers ce dédale chanté par
le Dante ; non-seulement il lui servira de guide, il transmet-
tra les ordres du juge aux gardiens de chaque cercle, pour
la laisser circuler jusques aux pieds d'Apis, il lui ouvrira
toutes les portes, ira chercher la barque pour franchir un
fleuve dangereux, enfin, se transportant près de l'Etre-Su-
prême, il intercèdera encore pour elle dans le ciel. En un
mot, c'est son bon ange.

L'autre, presque nu, tenant deux bâtons de porteurs
en main, a tous les attributs qui peuvent repousser ; il

—

QUATRIÈME TABLEAU.

Ayant obtenu un ordre d'admission , elle traverse un passage gardé par trois chiens , auxquels elle présente le gâteau pétri de miel.

Ici nous retrouvons la même personne que nous avons décrite dans le tableau précédent ; elle a obtenu grace , elle tient dans la main un pain (le gâteau pétri de miel) , elle le montre en le désignant avec la main gauche aux trois chiens qui gardent l'entrée du cimetière. Deux colonnes de caractères hiéroglyphes sont placées devant elle , et doivent contenir l'ordre de son admission aux champs du repos.

Trois monstres occupent le reste du tableau : l'un à la tête d'un chien-loup ; l'autre celle du boule-dogue ; le troisième , placé au centre , ressemble à un bélier ayant deux longues cornes

---

semble prêt à s'emparer du corps pour le jeter aux Gémonies.

On comprendra qu'un peuple qui plaçait tous les êtres au rang des bons et mauvais génies , qui avait de la vénération pour le taureau , le chien , l'épervier, l'ibis , parce que ces figures rappelaient celles des constellations , ait mis au rang des bons génies l'homme préposé à des fonctions éminemment bienfaisantes , et au rang des mauvais , celui dont les fonctions lui sont si redoutables.

en forme de serpent (1) ; leurs corps , terminés en gaîne, ont la forme humaine ; un serpent formant plusieurs anneaux , les encadre par le développement de ses replis.

Ces trois figures allégoriques nous ont paru être la représentation des trois chiens qui ont donné lieu à la fiction du Cerbère à trois têtes, gardien des enfers.

Qu'il nous soit permis de faire ici une remarque pour justifier , s'il se peut, les trois chiens ou Cerbère , leur fonction et leur indispensable utilité.

Nous savons que les Egyptiens exposaient leurs morts avec un luxe inouï , ornés de bracelets , colliers , pierreries , bijoux , riches étoffes , etc. (2). Les voleurs , attirés par la richesse de telles dépouilles , devaient violer les tombeaux pour se les approprier , et les cadavres pouvaient devenir la proie des vautours ou des corbeaux.

C'est sans doute pour empêcher une telle violation , que trois chiens, ou peut-être trois fidèles gardiens assimilés à des chiens pour exprimer la surveillance rigoureuse qu'ils exerçaient sur le

---

(1) Dupuy donne à Cerbère des serpents en guise de cornes.

(2) Ce que nous disons ici est justifié , non-seulement par les mémoires de l'Abbé Maillet , mais encore par les objets précieux trouvés sur les Momies dépouillées , à Paris , et dans plusieurs autres Musées d'Europe.

champ des morts , confié à leur garde , furent placés en ces lieux. Deux yeux ailés , symbole de la vigilance , sont au-dessus.

Tous les poètes nous ont dit que les Champs-Elisées étaient gardés par un chien à trois têtes (Cerbère) ; les auteurs grecs ont été les premiers, et à leur exemple les Romains ; c'est aussi le nom donné à une constellation. Si les Grecs, grands amateurs du merveilleux , se sont permis de faire un seul animal des trois chiens qui gardaient les enfers, ils ont du moins consacré le nombre *trois* , en donnant trois têtes à leur Cerbère, mais ce qui doit surtout ici frapper le lecteur , c'est ce pain ou ce gâteau pétri de miel , que tous ceux qui devaient entrer étaient obligés de lui offrir. Il sera facile de reconnaître que cette fiction a été empruntée par les Grecs et les Romains , à l'usage des Egyptiens , consigné dans notre peinture (1).

____

(1) M. Prost , de Lyon , qui a visité notre Musée , nous a assuré que plusieurs cimetières étaient gardés par des chiens , et qu'il y en avait trois de la plus belle taille à celui de Strasbourg.

CINQUIÈME TABLEAU.

La justice et la vérité , sous la figure d'une gardienne des
champs du repos , lui ouvrent la porte ; le bon génie conduit Atéphinofré par la main ; il ordonne à Anubis ,
gardien des cercles , de la laisser passer. Elle s'adresse à
Thméi pour être présentée au bœuf Apis , figure allégorique
de la puissance suprème et de la fertilité.

La première personne qui se présente ici ,
c'est la portière du cimetière ; elle tient d'une
main la clef (1) , qu'on dit être un emblême des
clefs du Nil ; elle vient d'ouvrir à notre héroïne,
et le geste de sa main gauche semble exprimer
qu'elle l'accompagne de ses vœux. On pourrait
dire que la justice et la vertu lui ouvrent la porte.

Les anciens , comme les modernes , ont divisé
les champs où l'on déposait les morts en plusieurs
cercles ou sections (2). Comme le Dante , elle a
trouvé un guide dans le bon génie dont nous

---

(1) La croix ansée , dit Champollion , est l'emblême de
la vie céleste. (*Voir* l'explication de ce signe, pag. 53.)

(2) Virgile , le Dante , Fénélon , divisent les Champs-
Elysées en plusieurs cercles ou sections : les pasteurs , les
poètes , les guerriers , les prêtres , les princes et les rois.

N'avons-nous pas aujourd'hui les sépultures royales , et
dans nos cimetières , une partie destinée aux riches et
l'autre aux pauvres.

avons déjà parlé dans l'explication du troisième tableau. Isis, la prenant par la main , se charge de guider ses pas , de la conduire et de la protéger à travers ce dédale ; bientôt elles sont arrêtées par l'un des gardiens des cercles.

Anubis, l'une des Idoles de l'Egypte placée au rang des bons génies (1), dont la figure était postée aux portes des Temples pour en être le gardien , sous la forme du chien levrier , ce qui caractérise ses fonctions , joue ici le rôle de gardien des cercles ; il a pour coiffure une espèce de mitre ; dans la main gauche , il tient un bâton recourbé en forme de crosse , et dans la droite , la clef ; son tablier , à demi-retroussé , indique la servitude ; il semble , en portant son bâton en avant , arrêter nos voyageuses.

Isis lui adresse la parole , et sans doute lui signifie l'ordre d'admettre sa protégée , car nous la voyons de l'autre côté d'Anubis, qui l'a laissée passer , invoquant la protection de Thmei , pour être présentée au bœuf Apis ; cette déesse vient au-devant d'elle , tenant d'une main un plateau sur lequel on remarque un pain et des fruits , de l'autre elle tient un amphore , de l'ouverture duquel découle un liquide , qu'un épervier placé

____

(1) La constellation du chien (l'aboyeur). *Voir* plus loin ce que nous dirons de cette étoile.

au-dessous recueille et boit avec avidité (1).

« Cet épervier, dit M. Lenormand, est la
» représentation de l'âme de la défunte, qui s'est
» séparée du corps ; devant lui est le vase con-
» tenant le feu sacré. »

En adoptant cette idée, nous ajouterons que
l'eau que Thmei lui verse doit être celle du
Léthé pour indiquer que, par sa purification,
l'âme doit oublier les choses terrestres. Il n'est
pas jusqu'à cette fiction qui n'ait été rappelée
par les Grecs, en parlant du fleuve qui porte ce
nom, et dans lequel les âmes des élus se plon-
geaient pour se purifier (2).

Apis, ce célèbre bœuf moucheté (3), invoqué

---

(1) Pour expliquer cette dernière phrase, il faut dire que
cet épervier, symbolisant l'âme de la momie, est représenté
avec un bras et boit en recevant l'eau dans sa main.

(2) Eau du Léthé, eau lustrales, eau d'ablutions, toutes
les religions admettent la purification par l'eau.

(3) Cent temples, tous plus superbes les uns que les autres, consacrés à différentes divinités, contribuaient à l'em-
bellissement de la ville de Memphis ; ses places étaient ornées de statues colossales de dieux et de sphinx, qui, déjà
du temps de Strabon, étaient recouverts de sables. Ce luxe
attirait dans cette capitale un grand nombre de pèlerins
qui, venus de toutes les parties de l'Egypte, contribuaient à
l'enrichir. Mais le temple le plus riche était celui du bœuf
Apis.

Cet emblême, pour lequel les Egyptiens avaient une si grande
vénération, devait être noir et moucheté de blanc. Il était
entretenu dans ce fameux temple, espèce de labyrinthe, si

et presque adoré par les Egyptiens, comme étant l'emblême de la culture et de la fertilisation de la terre sur laquelle il répand le germe, il ra-

---

vanté par les auteurs, mais aujourd'hui complètement détruit ; de telle sorte que toutes les descriptions qui en ont été données nous paraissent bien hasardées. Quoi qu'il en soit, on prétend qu'il se composait de douze cours, dans chacune desquelles était bâti un palais en marbre de la plus grande magnificence. L'abbé Maillet pense qu'autant de rois avaient fait construire ces palais successivement, pour leur servir de sépulture. Il serait possible que ce fût là le motif de la fiction du minotaure. Des voûtes très-longues conduisaient dans ces palais ; et dans ce dédale de chemins croisés et coupés en tous sens, des gardiens féroces pouvaient facilement immoler l'imprudent visiteur qui avait violé la sainteté de ces lieux, pour en découvrir les mystères.

Comme tous les soins et toutes les jongleries des Prêtres n'auraient pu rendre le dieu Apis immortel, dès qu'il en mourait un, et que le temple était veuf de son idole, l'Egypte entière prenait le deuil, des prières publiques étaient adressées au ciel, les offrandes étaient portées au temple d'Apis, des sacrifices étaient offerts dans tous les temples, les œuvres pieuses remplaçaient le travail, en un mot, l'affliction était générale.

Cependant des émissaires envoyés par les Prêtres parcouraient l'Egypte pour trouver un bœuf qui eût les qualités requises, mais surtout il fallait qu'il fût jeune. On l'amenait secrètement au temple, ainsi que la vache qui l'avait porté.

Alors les cérémonies changeaient d'objet : c'étaient des actions de graces et toujours de nouvelles offrandes au ciel pour le remercier d'avoir exaucé les vœux des fidèles. La renommée proclamait ce miracle, et des peuples accourus de toutes les provinces de l'empire, venaient pour être admis à voir le bœuf intronisé ; solennité dont le jour avait été indiqué et

mène l'abondance et la création des plantes (constellation du taureau), est placé sur un piédestal ; il porte sur sa tête le disque ; l'aspic ailé est placé au-dessus, tout près est l'épervier, symbole de l'esprit céleste.

Plus bas nous voyons la porte du tombeau où notre héroïne doit être déposée ; un chakal disqué en garde l'entrée ; l'œil et l'aspic veillent en ce lieu.

Nous venons de voir que Thméi la présente à Apis, et nous devons conclure qu'elle sera inhumée dans la tombe dont nous venons de parler,

---

proclamé dans toutes les villes de l'Égypte. De toutes parts l'on recevait des présents considérables, de telle sorte qu'on pourrait dire que, si la mort d'*Apis* était une calamité pour le peuple, elle était pour les prêtres une source de fortune.

Alors, si le concours des pèlerins était nombreux, on faisait venir le bœuf dans une avant-cour environnée de claires-voies, à travers desquelles on pouvait le considérer. C'était dans cette cour qu'on avait pratiqué un autre appartement moins riche, où on nourrissait de même la vache qui avait eu le bonheur de mettre au monde cet animal divinisé. En toute autre occasion, le dieu Apis était invisible, ou ne se montrait du moins que par une petite fenêtre grillée, pour satisfaire la pieuse curiosité des dévots attachés à cette divinité.

Si la richesse des prêtres d'Apis était immense, leur pouvoir ne l'était pas moins, car, étant parvenus à persuader au peuple qu'ils reconnaissaient, dans l'altération de la couleur du bœuf, le successeur qu'il convenait de donner au roi qui mourait sans héritier, par ce moyen, ils disposaient à leur gré de la couronne.

c'est-à-dire qu'elle aura obtenu la place la plus honorable dans le cercle supérieur.

Nous avons vu que morte, elle avait été jugée par les vivants, protégée et conduite jusqu'au lieu de sa sépulture par des personnes dont les fonctions étaient toutes terrestres.

Ici finit l'histoire de la dépouille mortelle d'A-téphinofré, ici commence celle de son âme ; tout nous prouve que les Egyptiens croyaient à la résurrection. Il est probable qu'ils ne prenaient tant de soins des morts que pour rendre cette résurrection plus facile.

Nous venons de voir que l'âme, représentée sous la forme d'un épervier (de même que les modernes lui donnent celle d'une colombe), vient de se purifier par l'ablution, en attendant de ressusciter pour traverser les cercles célestes, les constellations et arriver à l'Amenthi ou elle sera jugée par le dieu Orus.

Nous demanderons au lecteur s'il a été satis-fait de l'explication des cinq tableaux que nous venons de décrire et qui nous ont semblé être les rites funèbres des Egyptiens ; s'il en est ainsi, la suite de l'histoire de ce mort ne doit pas être interrompue, et comme conséquence le sixième tableau doit être le complément des scè-nes qui sont représentées dans ceux qui le pré-cèdent. Or, s'il est vrai, comme l'a donné à en-tendre Pythagore, et d'après lui tous les auteurs

grecs, latins, Châteaubriand, Voltaire, l'abbé
de Lamennais et surtout l'abbé Greppo, qui
écrit en ce moment un ouvrage sur le culte des
oignons par les Egyptiens, que ces peuples
croyaient à la métempsicose (1) ; la conséquence de cette croyance aurait été la représentation, dans le sixième tableau que nous allons décrire, d'un choux, d'une rave ou d'un
oignon, etc.

L'absence de tels objets nous autorise donc à
dire que les Egyptiens n'ont pas cru à une telle
fable.

Il est possible encore que la Momie, que
nous possédons et dont nous expliquons les peintures, soit une exception, et cependant si telle
eût été la croyance de ce peuple, elle ne pouvait être exemptée de passer par ce purgatoire
décrit par Pythagore. Nous demandons pardon
aux auteurs que cette nouvelle manière d'interpréter la religion des Egyptiens semblerait
contredire, et si nous nous trouvons en oppo-
sition avec des opinions déjà reçues ; égyptologue d'un jour, et nous ne craignons pas de le
répéter, n'ayant d'autre professeur que la Momie que j'explique, je ne puis dire que ce que

---

(1) L'âme devait passer dans un chou, une rave, un oignon,
ou dans un animal immonde, pour s'y purifier et attendre que
les bons génies vinssent l'en retirer et la porter au ciel.

j'y trouve, en un mot, que ce qu'elle m'apprend.

—

SIXIÈME TABLEAU.

Résurrection d'Atéphinofré; elle obtint la croix ansée, se prosterne pour remercier Thméi (la justice).

Ce tableau, placé au bout des pieds du sarcophage, semble représenter notre héroïne (1); prosternée, elle rend grace au ciel, en reconnaissance du jugement favorable qu'elle a obtenu des hommes. La grande croix ansée, symbole de la vie céleste, pend à son bras droit.

Le reste du tableau est occupé par quelques légères inscriptions et par quatre grands vases Canopes, à la tête d'Orus, d'Isis, d'Osiris et d'Anubis.

Deux grandes palmes, symbole de la justice et de la vérité, sont placées sur des autels aux deux extrémités du tableau.

---

(1) Nous avons hésité pour savoir si nous devions classer, dans notre explication, la première partie du premier tableau et ce sixième, par la raison que la figure principale ne porte pas le costume sous lequel elle est dépeinte dans tous les autres ; la remarque que nous avons faite de la croix ansée, qui pend à son bras et qu'elle conserve dans le tableau suivant, nous y a déterminé.

Du reste, la suppression de ces deux tableaux ne changerait nullement l'interprétation que nous avons donnée aux autres.

Telle est l'explication des cérémonies représentées dans les six tableaux qui décorent le côté gauche du sarcophage.

Disons un mot de la croix ansée , qui joue un rôle siimportant dans les peintures qui nous restent à décrire : Lorsque l'étoile du chien (Syrius l'Aboyeur) paraît en Egypte , elle est vue au haut du Nil dont elle semble annoncer le débordement. C'est à cause de cette circonstance que les Egyptiens , qui étaient tous pasteurs , donnèrent à cette constellation le surnom d'Aboyeur , parce qu'elle semblait les prévenir de renfermer leurs troupeaux ; les prêtres dans cette occasion prenaient un instrument en forme de T , espèce de clef qui sert à ouvrir les vannes d'eau , à laquelle on y avait ajouté une anse pour en faciliter le transport (croix ansée) et ils l'appendait au bras du dieu Orus. Des prières et des sacrifices lui étaient adressés pour lui demander d'ouvrir et de fermer à temps les cataractes du Nil, afin d'en modérer le débordement.

On comprendra que cet instrument, ainsi consacré par de telles cérémonies , devint un symbole qui signifiait vie heureuse, vie céleste ; aussi est-il la marque distinctive des habitants du ciel dans certains cas , elle veut dire que celui qui la porte a mérité par sa justice , par sa vertu ou par sa foi , d'obtenir l'entrée du ciel et d'y jouir des biens célestes. Champollion dit :

« Croix ansée , symbole de la vie céleste. »

Avant de passer à l'étude des peintures qui ornent le côté droit , disons un mot des motifs qui peuvent justifier celles qui nous restent à décrire.

Tous les peuples , quelles que fussent leurs croyances religieuses , ont attendu la récompense des bonnes actions et le châtiment des mauvaises dans l'autre monde. Les Chinois , les Tartares , les Indous , les Perses et les Grecs , ont imaginé des génies malfaisants , des démons ; les Chrétiens , des anges déchus , chargés de jouer dans les enfers le rôle de persécuteurs des méchants. On les a personnifiés sous des noms divers et sous divers caractères. Ne soyons donc pas surpris que notre héroïne , qui a obtenu parmi les vivants un jugement à la fois si honorable et si glorieux , puisque par les ordres des juges elle est admise à se présenter devant le bon génie Apis (constellation du taureau) , ne soit , après le second jugement , auquel son esprit ou son âme va être soumis de la part des dieux eux-mêmes, placée au rang des saintes , que l'Egypte invoquait pour intercéder auprès d'eux. Mise parmi les élus , elle devient l'objet d'un culte particulier ; elle prend le rang d'un demi-dieu , ou d'une sainte patronne ; car chaque bourgade, chaque peuplade , chaque ville avait le sien , comme nos paroisses ont leur patron ; celui-ci

était invoqué pour modérer les débordements du
Nil, cet autre pour donner une bonne récolte,
un autre, enfin, pour protéger le commerce et
l'industrie ; ainsi les Grecs et les Romains invoquaient Mars, Bacchus, Cérès, Diane ou Mercure, etc., etc, selon les circonstances.

Ces préliminaires nous ont paru indispensables
pour expliquer les nouvelles épreuves par lesquelles notre héroïne devra passer pour arriver
à son entière purification.

Le lecteur doit observer que jusques à pré-
sent nous avons expliqué les diverses scènes des
rites funèbres des Egyptiens, il est tout naturel
de dire que les peintres chargés de décorer ces
monuments connaissaient toutes ces cérémonies
et pouvaient en représenter les diverses circonstances ; mais si les mêmes artistes nous ont donné
les scènes qui devaient se passer dans le ciel,
ils n'ont pu le faire que d'après leur croyance,
leur foi : en un mot, c'est la religion. Ainsi si
Atéphinofré est conduite d'un cercle à un autre
par son bon génie jusqu'auprès de la balance divine et jusqu'aux pieds d'Orus (le grand Dieu),
c'est qu'ils le croyaient ainsi, ces peintres étaient
prêtres eux-mêmes, et nous ne devons pas supposer qu'ils se fussent permis de faire des images de pure fantaisie.

DEUXIÈME PARTIE.

SEPTIÈME TABLEAU.

Guidée par son bon génie, elle marche vers les cieux pour arriver à l'Amenthi céleste où son âme sera jugée par les dieux.

Précédée d'Isis, la défunte est ici représentée ayant en main la croix (1) que nous avons signalée comme une clef tenue par les génies qu'elle invoquait dans les tableaux précédents ; ce qui nous autorise à croire que cette espèce de croix est un emblême donné aux élus, comme pour signifier qu'elle a mérité d'être reçue au ciel. Son guide tient aussi le même signe, que nous retrouvons encore à la main d'une autre servante, portière des lieux saints, gardant le sanctuaire qui suit ce tableau et à laquelle nos voyageuses semblent demander le passage.

(1) *Voir* la symbolisation de cette croix, *pag.* 53.

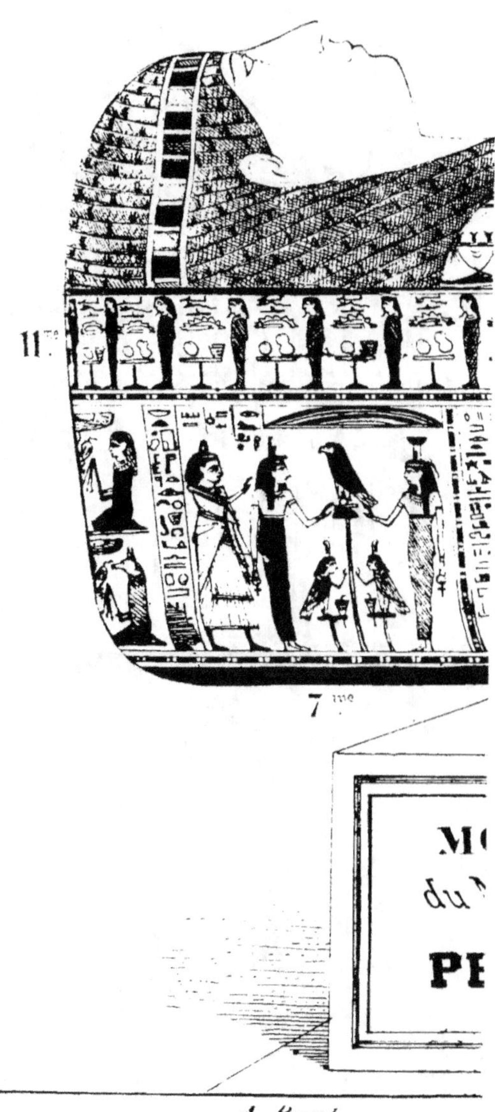

A. Perrot.

MOMIE
du Musée
PERROT,
Expliquée
d'après
les Peintures.

HUITIÈME TABLEAU.

Allégorie des génies de l'Egypte, où l'on voit la figure personnifiée de cette nation, soutenue, protégée par ses génies et fertilisée par le Nil.

Disons d'abord que chaque congrégation (et l'Egypte était alors, avons-nous dit, toute congréganiste), chaque tribu, chaque classe, chaque corps, appartenait à un ordre qui avait pour chef ou pour patron, l'un des génies ou des demi-dieux, dont leur paradis était peuplé.

Ce tableau est toute une allégorie : des Ibis, des Anubis, des Vaches-Apis (1), des Osiris sous la forme de l'épervier sacré, des scarabés et des serpents mêlés à des amulettes et à des caractères hiéroglyphiques, etc.

Une grande figure de femme nue, touchant à terre avec les pieds d'un côté, et avec les mains de l'autre, décrivant ainsi un arc irrégulier, est soutenue par trois personnages ayant divers attributs. Un fleuve est couché à terre, dans l'attitude qu'on donne ordinairement à cette représentation ; ce dernier est couleur vert-d'eau, et porte la barbe tressée.

J'ai cru reconnaître, dans ce tableau, la re-

---

(1) Hator était le nom de la vache sacrée (Champollion)

présentation allégorique de l'Egypte, soutenue, protégée par ses génies et fertilisée par le Nil. En effet, ce fleuve, ainsi à demi-couché, dont les pieds finissent avec ceux de la figure à laquelle je donne le nom de l'Egypte, atteignant la mer avec elle au Delta, a un bras dirigé et prolongé au-delà de cet empire ; la main paraissant tenir des flots dont la source est inconnue (1).

____

(1) Cette circonstance suffirait pour détruire les observations du célèbre visiteur, dont nous avons parlé dans la note du tableau n.º 3, et qui nous fit l'honneur de nous dire que la figure « *à laquelle nous avons donné le nom de l'Egypte,* ∎ était la *représentation du ciel ;* que la même figure, abso-» lument dans la même pose, se retrouvait peinte sur les murs » de plusieurs temples, notamment dans celui de Balbec, et ∎ que tous les savants l'avaient interprétée ainsi. »

Nous devons convenir d'un fait : c'est que nous voyons, *pag.* 30, du Dictionnaire de Champollion, une figure symbolique qui a absolument la même posture ; mais elle ne s'appuie sur rien, étant tout-à-fait isolée. Cet égyptologue lui donne le nom de *ciel* ou *plafond*. Mais comme deux lignes parallèles, fermées à leur extrémité, reçoivent la même dénomination, qu'il nous soit permis ici de faire une distinction.

Si nous admettions que toutes les peintures sont des caractères hiéroglyphiques, bien certainement le célèbre égyptologue que nous combattons aurait raison ; mais nous avons prouvé, *pag.* 3, qu'on ne pouvait adopter cette opinion, par l'impossibilité de lire et de donner la même interprétation à deux figures représentées sous des formes différentes : (l'homme à figure d'Ibis, et l'Ibis en nature). Comme écriture hiéroglyphique, nous adoptons l'idée du ciel ou plafond ; mais comme tableau, et ici cet évidemment un tableau, une scène animée où plusieurs personnages sont appelés à jouer un rôle qui doit compléter l'action que le peintre a voulu représenter, nous ne saurions admettre l'opinion de ce savant, par cette seule raison de l'impossibilité même

Il est évident que l'artiste qui fut chargé de
l'ornementation de ce magnifique sarcophage

---

de classer les signes en rang convenable , et partant d'en faire
la lecture.

Et qu'on nous permette encore une observation : le ciel ,
comme mot, n'a nul besoin d'appui , soit que Champollion
le donne sous la forme de lignes parallèles , soit sous celle du
corps humain , et souvent cet un homme avançant les bras en
avant , comme pour faire un plongeon ; il n'y a rien ici qui
ressemble à la figure qui nous occupe.

Nous craignons cependant qu'une telle décision de notre
part , soulève une discussion que nous voudrions éviter. Nous
ferons donc observer que les Egyptiens ont employé comme
hiéroglyphes : 1.º l'homme avec toutes ses poses et ses gestes ;
ils l'ont décomposé , et il n'est pas un seul de ses membres
qui, représenté séparément , ne soit l'équivalent d'un caractère ; 2.º le ciel est tout ce qui tient au firmament ; 3.º la
terre et ses plantes ; 4.º les animaux quelle que soit leur
nature ; enfin, les instruments de tous genres, etc. , etc. ,
tout est devenu hiéroglyphe. Mais , comme nous l'avons fait
observer , les figures que nous expliquons composent des
tableaux , dans lesquels le peintre a renfermé une action ,
une scène , où chaque personnage joue un rôle ; or , puisque
l'artiste a pris soin de placer au-dessus une légende explicative en caractères hiéroglyphiques , il n'a donc pas voulu dire
deux fois la même chose ; il a fort bien distingué lui-même
son tableau , de la légende destinée à en expliquer la représentation. Il y a donc évidemment ici un sujet historique
ou allégorique et une notice explicative ; et qu'on nous permette de nous répéter , ce ne sont pas les caractères que nous
expliquons, ce sont les peintures , ce sont les tableaux. Champollion jeune et Champollion-Figeac ont décrit les magnifiques tableaux et bas-reliefs qui décorent les tombeaux des
rois Sésostris et Rhamsès , placés dans la vallée de Biban-El-
Molouk ; chaque scène porte un cartouche qui explique le
sujet ; ils les ont lus ainsi : Le dieu Sésostris , fils chéri du
dieu Amon-Ra , aimé du dieu Phré , reçoit les tributs des
peuples qu'il a soumis au royaume de son père , etc. D'autres
ne portent que ce peu de mots : Le dieu Amon-Ra a combattu

avait des connaissances géographiques , puisqu'il a eu le soin de donner au fleuve une plus
grande étendue qu'à l'Égypte elle-même.

Le Dante a divisé sa divine comédie en plu-

---

les ennemis de son fils chéri , le dieu Rhamsès , auquel les
bons génies accordent une longue vie.

Or , les célèbres égyptologues , dont nous invoquons ici le
témoignage , non-seulement expliquent les sujets représentés
montrant le roi près d'un autel , faisant aux dieux des offrandes , et puis , assis sur un trône , recevant des chefs de l'armée
et des divers corps , les étendards , les prisonniers et le butin
pris à l'ennemi ; mais encore ils ont parfaitement reconnu et
désigné , par l'étude physiologique , le caractère distinctif de
ces mêmes prisonniers et celui des envoyés des peuples qui ,
se soumettent à la puissance de ces princes , leur payaient
tribut ; c'est ainsi qu'ils ont désigné des Africains , des Abys-
siniens , des Arabes , des Grecs , des Perses et même des
Européens , etc. , etc. Ils passent en revue les richesses que
chaque peuple ou chaque chef présente au prince ; ici ce sont
des animaux : lions , girafes , chakals , lévriers , singes ,
chameaux , tigres , panthères , autruches et plumes de cet
animal , des défenses d'éléphants ; puis de la poudre d'or , de
pierres précieuses , grenats , émeraudes , rubis , corail , cor-
nalines ; les matières colorantes , les bois précieux de l'Inde,
soit pour le placage des meubles , soit pour la teinture , les
vases en or , en argent , en émail ou en verre , les armes ,
les instruments , les étoffes et les tissus précieux , etc. , etc.
Ces descriptions et ces énumérations, remplissent plusieurs
longues pages de leurs ouvrages ; ils ajoutent que , près des
princes , on voit des scribes , la plume et l'écritoire (Calam)
à la main , notant sur un registre tout ce riche butin.

Ces tableaux ont quelquefois jusqu'à 1,500 ou 2,000 figures;
or , si chacune était l'équivalent d'un caractère hiéroglyphique , et devait être lue , ainsi , on conçoit que ce ne serait
pas un cartouche , composé d'une ou de deux lignes, dont encore
la plus grande partie est sacrifiée aux titres pompeux de *dieu,
fils du grand dieu , etc. ;* qui pourrait suffisamment expliquer une aussi énorme page ?

sieurs cercles ; les premiers, sont ceux où sont placés les méchants ; les derniers, sont ceux où sont récompensés les bons ; enfin, le cercle supérieur est celui où l'on jouit de la présence de Dieu.

Le cercle que nous venons de décrire peut donc être considéré comme le premier cercle du ciel où se trouvent placés les bons génies, parmi lesquels figurent l'Egypte et le Nil personnifiés.

—

NEUVIÈME TABLEAU.

Notre héroïne appelle un naute pour être passée sur sa barque, afin d'arriver à l'Amenthi. Son bon génie a déjà disposé ce pilote à la recevoir et à lui passer le fleuve ou le lac.

Ici nous retrouvons notre héroïne, mais seule et sans guide ; elle est précédée d'un grand cartouche de hiéroglyphes, qui sans doute contient ou sa prière ou son histoire. Les bras étendus en avant, elle semble appeler quelqu'un (Camille Duteil dit que ce signe doit s'expliquer par : oh ! eh ! à moi. Champollion lui donne la même signification). Elle semble implorer l'assistance du patron d'une barque qui est de l'autre côté de l'eau, qu'elle est obligée de traverser ou même de descendre. Mais déjà son génie protecteur, son guide, avait devancé ses désirs et avait préparé le pilote à la recevoir ; en effet, ce patron, de l'aspect le plus repoussant , occupe le centre de sa nacelle , son aviron dans une main , il tient la clef dans l'autre , et le gouvernail est fixé au pivot ; quatre esclaves tirent le navire avec des cordes, tandis qu'Isis , placée sur la proue , annonce à sa protégée qu'on vient la chercher.

Un mort , gisant sur le rivage , paraît y avoir été délaissé ; peut-être a-t-il été repoussé par l'impitoyable pilote.

DIXIÈME TABLEAU.

L'AMENTHI (TRIBUNAL SUPRÊME).

Débarquée dans les Champs célestes , où siège le dieu Orus , et où notre héroïne doit être jugée ; on voit l'instrument qui doit décider de sa destinée ; Ibis tient la balance.

Transportée dans le sanctuaire où siège le grand Orus (dieu de la grande lumière) , la prière qu'elle adresse à deux juges assis à peu de distance , et de chaque côté du passage qu'elle doit franchir , est écrite dans deux colonnes de caractères hiéroglyphiques. Dès qu'elle a obtenu son entrée , une transformation s'est opérée en elle , au lieu d'une couronne , on voit sur sa tête deux palmes (1) ; elle en tient dans ses

______

(1) Nous avons déjà dit que les palmes étaient le symbole de la justice et de la vertu.

mains qu'elle tient élevées vers le ciel (1). Le
dais dont sa tête était ombragée a disparu ; prête
à être jugée, elle semble redouter le jugement.
Près d'une balance élevée sur un piédestal est
assis un petit génie qui semble en être le gardien ; plusieurs attributs de la justice y sont représentés. Dans l'un des plateaux est un vase en
terre, emblème de la fragilité de l'âme ; dans
l'autre, les os surmontés d'une palme (la justice et la vertu). Ibis, jouant ici le rôle d'un
peseur, s'assure avec la main que l'aiguille
régulatrice reste perpendiculaire au fléau ; ce qui
exprime que l'âme ou les vertus pèsent d'un poids
égal à la matière corporelle, aux yeux de dieu.

Qu'on nous permette de dire ici que nous atta-
chons une grande importance à la scène qui s e
passe, car elle est une des plus concluantes pour

---

(1) Camille Duteil explique ce signe par celui de ciel ;
alors cela indiquerait son apothéose.

Sans lire les hiéroglyphes, il suffirait de jeter un coup
d'œil sur ce tableau, pour être convaincu de la justesse de
l'interprétation de cette pantomime ; car, outre que l'auteur
que nous citons reconnaît que le ciel est représenté dans les
hiéroglyphes, soit par un corps allongé, soit par une ligne
bleue, ce qui est également approuvé par Champollion, nous
voyons ici dans la bande qui est au-dessus, et que nous
sommes convenus d'appeler la légende, le ciel indiqué au
pluriel par plusieurs lignes parallèles qui se suivent : or,
nous lisons dans le Dictionnaire de ce savant, *pag. 2*, que
ces lignes sont le *pluriel figuratif de ciel*, les cieux.

prouver nos explications ; en effet , toutes les religions admettent que *nos bonnes et mauvaises
actions seront pesées dans la balance divine.*

Cependant le dieu Orus , assis sur un siège
élevé sur cinq marches , préside à cette épreuve.
Les deux bras en avant , il tient dans une main
le bâton pastoral , et dans l'autre le terrible fléau ;
lequel de ces deux signes emploiera-t-il? Isis,
le guide officieux , le génie protecteur de notre
héroïne , s'est déjà placée près de lui ; usant
auprès de son époux , de son irrésistible intercession , elle semble avancer la main pour rete-
nir son bras prêt à frapper , lorsque Osiris s'ap-
prochant du maître des cieux , lui rend compte
de l'arrêt favorable qui vient d'être prononcé par
le génie de la prudence (Ibis) , après l'épreuve
de la balance. Un monstre , qui ressemble beau
coup à un hippopotame , suit ce dernier. Le rôle
d'Isis est maintenant de conduire sa protégée
dans l'Olympe.

Atéphinofré a reçu les palmes , elle les élève
vers le ciel. Ce geste semble dire : Ciel je te rends
grace , je suis déclarée juste et vertueuse !

—

ONZIÈME TABLEAU.

Champs-Elysées , où les âmes des élus jouissent des biens célestes.

Ce bandeau, qui règne autour du sarcophage, semblerait indiquer le séjour des élus , où les âmes des bienheureux sont placées dans un jardin dont le printemps est éternel ; des cantiques sont écrits au-dessus de tables couvertes de fruits et de fleurs.

Le lecteur aura déjà remarqué que , dans le cinquième tableau, Thméi présente du pain et des fruits à la suppliante , lorsque celle-ci l'implore , pour être présentés à Apis; ici , nous voyons les élus ayant devant eux des tables couvertes de fleurs et de fruits.

La religion et la croyance des Egyptiens , qui admettaient l'immortalité de l'âme croyaient à sa résurrection ; ils croyaient aussi que ces élus , admis dans le ciel , ne s'occupaient qu'à récolter les fruits les plus suaves , sans se donner la peine de la culture. Manger , boire , chanter la gloire des dieux , jouir de tous les biens , tel est le paradis promis aux fidèles , par les prêtres égyptiens.

Nous remarquons les signes figurés ci-après que nous croyons être des hiéroglyphes entre les figures placées dans le bandeau que nous supposons représenter le paradis.

Nous en demandons bien pardon aux savants égyptologues, si nous essayons de lire ces quelques signes.

Le premier de chaque légende nous semble être le mot *offrir*, par analogie, avec le geste d'Atéphinofré qui, dans le quatrième tableau, offre ou présente le pain aux chiens.

Le signe qui vient après est le serpent *Cérasté*, Champollion lit *aux*, le troisième et le quatrième sont deux *ciels*, pluriel *cieux*.

Il faut donc lire : *J'offre aux cieux le pain* (qui est dans la main) et *la nourriture que je vais prendre* (la table qui est au-dessous étant chargée de fruits).

La seconde dirait : *J'offre au dieu de la lumière céleste ou au dieu du jour* (le soleil sur le ciel) *le pain et la nourriture*, etc. ; en un mot, ces bonnes âmes disaient leur *Benedicite*.

—

DOUZIÈME TABLEAU.

(INTÉRIEUR).

Lit de parade de Phinofré , Grand-Prêtre et Scribe du temple d'Amon-Ra , à Thèbes.

Des larmes, des pleureuses, des chants funèbres , un emblème de la puissance divine , figuré
par le globe lumineux soutenu par les bras de
l'être suprême et de deux anges qui l'adorent ,
précèdent la peinture qui représente un mort
illustre , placé sur un lit de parade ; il porte les
insignes d'un Grand-Prêtre , ce qui semble indiquer un souverain pontife. Le lit sur lequel il
est couché a **28** centimètres de long (10 pouces) ; au-dessous sont placés quatre vases nommés Canopes (urnes funéraires). Ce mort *a la
figure blanche et porte la barbe noire tressée ;*
son bonnet pontifical en forme de mitre est
très-grand. La procession de pleureurs est tour-
née vers lui, de manière que ceux des pieds et
de la tête lui font également face.

Cette représentation d'un homme mort, Prince
ou Prêtre, sur un monument dont les peintures
sont toutes relatives à l'histoire d'une femme,
devait nécessairement nous suggérer l'idée que
notre héroïne était la veuve du personnage

qui est représenté dans ce dernier tableau (1).

En effet, il est facile de reconnaître une femme sous le costume que nous avons décrit au troisième tableau ; l'absence de la barbe en est l'indice incontestable, comme le remarque Champollion dans son Dictionnaire, *pag*. 39, dont nous avons déjà cité un passage. La coiffure, le profil du visage, qui même est d'une régularité qui doit nous faire présumer qu'elle était jolie, tout annonce une personne du sexe féminin, bien que la couleur de son teint soit *brun-rouge*, tandis que son époux est blanc. Et cette femme est la même que nous avons vue, jugée par les hommes dans les premiers tableaux, la même qui présente le pain à Cerbère pour obtenir d'approcher du bœuf Apis, la même encore qu'on conduit par la main à travers les cercles des Champs-Elysées.

Dans la deuxième partie, c'est elle qui appelle la barque, c'est elle encore, dont les vertus sont pesées dans la balance divine ; enfin, les hommes de l'art, dont nous invoquons le témoignage, ont déclaré que le corps qui est placé dans la bière qui nous occupe, est celui d'une femme (2).

----

(1) Nous avons vu, en effet, que dans le cartouche du deuxième tableau le célèbre orientaliste *sir Gardner Wilkinson* avait vu qu'elle s'appelait *Atéphinofré* et qu'elle était veuve du Grand-Prêtre du temple d'Amon-Ra, à Thèbes.

(2) Les personnes qui auront lu notre lettre adressée à M. J. Reboul, insérée dans la *Gazette du Bas-Languedoc*,

Dans l'intérieur de la caisse et près de la tête on voit un globe d'où sortent des rayons lumineux. — Champollion dit que c'est le dieu Soleil, de grands bras tendus vers le dieu semblent l'adorer. Lorsque sir *Gardner Wilkinson*, dont nous avons déjà parlé, lut le certificat d'Atéphinofré, il nous dit qu'elle était veuve du *Grand-Prêtre Scribe du temple d'Amon-Ra*. Or, nous l'avons déjà dit, Champollion dit que ces noms d'Amon-Ra, de Phra, de Phré, de Monfta, sont des noms divers donnés au dieu de la grande lumière; de même que nous disons, Dieu, Seigneur, Maître de toutes choses, Maître du monde, Dieu des armées, Dieu du ciel et de la terre, etc., etc. Ainsi ce Grand-Prêtre, souverain pontife et scribe, servait le temple du dieu Soleil.

Lorsque le célèbre Antiquaire, dont nous avons déjà parlé dans le troisième tableau, nous fit l'honneur de visiter notre cabinet, il ne put refuser son admiration aux richesses qu'il renferme; il fut particulièrement frappé de la beauté du précieux monument qui nous occupe, sur

---

du 22 octobre, comprendront pourquoi nous insistons sur ces détails. Qu'y aurait il, en effet, d'extraordinaire, que notre héroïne fût issue d'une famille illustre d'Éthiopie ou même de la Haute-Égypte, tandis que son époux aurait été de la partie inférieure de cet empire?

lequel il fit plusieurs savantes remarques. C'est donc à regret que nous nous sommes vus forcés de combattre les opinions d'un homme pour lequel nous professons la plus grande considération, et aux lumières duquel nous devons la découverte du nom de l'époux de notre Momie ; car, il lut dans un des cartouches de l'intérieur du tombeau, la phrase ci-après : *Phinofré*, *Scribe et Prêtre du temple d'Amon-Ra*, *à Thèbes*; et plus bas, *Phinofré offre un sacrifice au seigneur*, *dieu des dieux* (1).

Qu'il nous soit permis de témoigner ici nos regrets que ce savant, qui paraît lire, avec tant de facilité, les hiéroglyphes, après une découverte aussi précieuse pour nous, que celle du nom du Grand-Prêtre, dont nous avons parlé, n'ait pas pensé à rétrograder de quelques mots, car évidemment il eût trouvé le nom de notre héroïne, suivi des mots *veuve de* (2). Alors il eût été évident que c'était à la femme que se rapportaient les peintures, et que, si le nom et les dignités de l'époux étaient mentionnés dans les inscriptions, c'est que l'honneur en devait re-

---

(1) **Les Egyptiens**, dans leurs écrits, retranchaient souvent les premières syllabes d'un nom propre déjà prononcé précédemment. (L.....).

(2) Nous hasardons cette conjecture, comme la seule qui nous paraisse probable, et la seule qui puisse être admise.

jaillir sur l'épouse, de manière à faire connaître le haut rang qu'elle avait occupé dans la société.

⋙⬦⬦⬦⬤

TROISIÈME PARTIE.

—

PEINTURES QUI ORNENT LE COUVERCLE DE LA CAISSE.

La variété, la richesse et le grand nombre de sujets peints sur le couvercle de ce précieux sarcophage, mériteraient une longue dissertation; mais elle nous exposerait à dépasser notre but, qui est de ne retracer que ce qui est historique.

Si l'étude des deux premières parties nous a donné quelques notions sur l'histoire religieuse des Egyptiens, sur les usages et les cérémonies qui se pratiquaient pour la sépulture et le jugement des morts; si nous y avons acquis la preuve que les Grecs et les Romains, et même les religions modernes, ont emprunté une partie de leurs cérémonies et de leurs croyances à l'Egpte, l'explication des peintures du couvercle ne peut que compléter les fictions déjà expliquées.

L'aspect général représente la figure d'une femme ayant les bras croisés sur la poitrine; celle-ci est ornée d'un magnifique collier à sept rangs, dont le dernier est de perles oblongues et de pierres fines ; sa tête est ceinte d'un bandeau, dont les énormes bandelettes pendent de chaque côté, et ses mains en saillie, semblent tenir un objet qui manque.

Le corps est terminé en gaîne, jusqu'à l'extrémité des pieds ; et c'est sur le corps, sur les bras et partout, que sont peints les divers sujets que nous allons expliquer sommairement.

Les anciens Egyptiens n'avaient dans le principe d'autres dieux que le soleil et la lune ; le soleil, regardé comme le grand architecte de l'Univers, qui règle les saisons, réchauffe les entrailles de la terre pour lui faire produire les biens si utiles à l'homme ; il était adoré sous le nom d'Orus, dieu du jour et de la lumière.

La lune, adorée sous le nom d'Isis, était considérée comme son épouse. C'est à ces deux grands luminaires qu'était attribué le gouvernement du monde, comme à deux divinités premières et éternelles, d'où provenait tout le grand ouvrage de la génération et de la végétation. Un épervier, oiseau consacré à *Osiris* qui signifie religion, foi, était l'emblème de l'esprit céleste, l'Esprit-Saint, des deux premiers, telle était la Trinité, nous reviendrons plus tard sur ce sujet.

Plusieurs temples furent bâtis en leur honneur. La ville d'Héliopolis ou du Soleil, porte ce nom du monument consacré à ce dieu, et dans lequel on voyait la statue dorée , représentant un jeune homme imberbe , dont le bras droit était élevé et tenait un fouet dans l'attitude d'un conducteur de char , tandis que dans la main gauche il tenait un faisceau de foudres.

Les planètes étaient aussi l'objet d'un culte particulier , les astres fixes , et en général tout ce qui , dans la nature , porte le caractère de cause et de perpétuité , comme preuves ou symboles de la puissance suprême.

Le premier signe que nous voyons ici , c'est le scarabée roulant sa boule entourée de deux aspics ailés , emblème du soleil et de la lumière éternelle. Le dieu Orus , assis , est représenté sur chaque côté , surmonté de l'œil ailé.

Plus bas, et au-dessous des bras , est répété le scarabée , il a de même les ailes déployées ; après la pleine lune de mars , le soleil gagne sur les nuits , et chaque jour il prend plus de force ; c'est le triomphe de la lumière sur l'obscurité ou plutôt la vie après la mort ; celui des deux scarabées qui occupe la haute région , désigne le zénith ou les grands jours du mois de juin ; deux barques sont montées par les figures du dieu Osiris (1) , d'un esprit céleste sous la

---

(1) Osiris est représenté sous la forme humaine , mais avec a tête d'un épervier , au-dessus de laquelle est placé le disque du soleil ou globe lumineux. Orus , avec les mêmes at-

forme de l'épervier à tête d'homme , et par un Anubis ; des yeux ailés , des aspics , des éperviers et des clefs , petites croix ansées , complètent les ornementations.

Comme on le voit , les symboles du dieu Jour ou Soleil , dominent dans toutes ces représentations ; tantôt c'est le disque ou globe lumineux , roulé par le scarabée , qui symbolise l'éternité ; tantôt c'est la figure de l'épervier qui porte ce même globe sur la tête , et alors cet oiseau est l'image de l'esprit céleste de la grande lumière ; enfin , sous les formes humaines , ce dieu prend les noms d'Osiris ou d'Orus.

Une grande ligne bleue , sur laquelle on voit des étoiles dorées , représente le ciel étoilé ; elle sépare le jour de la nuit ; et , en effet , nous voyons au-dessous la grande figure d'Isis , une étoile sur la tête , elle étend les bras et déploie ses deux grandes ailes funèbres , qui semblent voiler des ombres de la nuit le reste du cercueil qu'elles embrassent. Double fiction de la nuit des tombeaux ou de la mort , et des six mois de ténèbres , pendant lesquels la terre étant privée

---

tributs , ne diffère que parce qu'il a une figure d'homme portant la barbe ; sous deux noms différents , nous croyons que c'est la même divinité et le même emblême.

Cette représentation pourrait être celle du symbole de la marche du soleil dans les deux hémisphères.

Peintures du Couvercle.

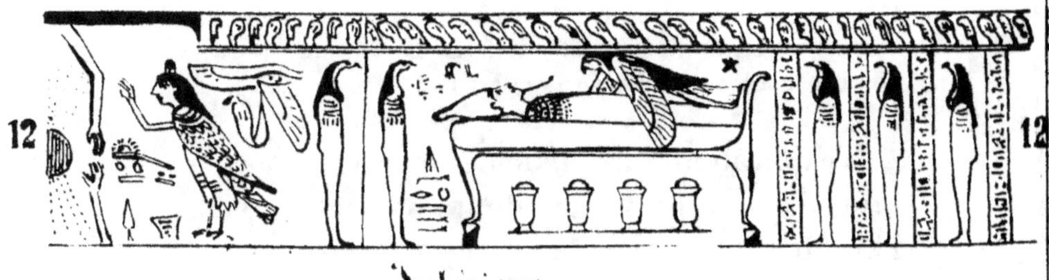

Intérieur.

de lumière , tout est mort dans la nature sur laquelle règne la nuit ; et comme pour rendre encore plus complète cette funeste allégorie , deux énormes aspics ailés , symboles de la mort, semblent se dresser sur les longs replis de leur queue , et garder les clefs des tombeaux.

Sous les pieds de cette déesse commence un bandeau qui suit jusqu'à l'extrémité du sarcophage , dont il occupe le milieu , il est décoré alternativement , de scarabées , d'amulettes , d'Ibis et autres figures symboliques , de guirlandes , de clefs ou nilomètre , des yeux ailés : toutes ces choses sont placées sous des constructions architecturales , comme des portes de temples , dont les montants sont briquetés de plusieurs couleurs.

Les tableaux qui nous restent à expliquer sont rangés de chaque côté des ornements que nous venons de décrire.

TREIZIÈME TABLEAU.

Invoquée comme une sainte , patrone de l'Egypte , notre héroïne présente le Pschent , coiffure ou couronne royale , et le Nilomètre au dieu Orus et à Isis.

L'explication du dixième tableau nous a prouvé que la personne , dont nous poursuivons l'histoire , avait été jugée digne d'être admise au nombre des esprits bienheureux qui habitent le ciel.

Ne soyons donc pas surpris qu'une fois sa sainteté reconnue par les deux jugemens qui précèdent, ses descendants et le peuple même, la regardent comme une divinité puissante, et l'invoquent pour qu'elle intercède pour eux, auprès du grand dieu (1).

L'Egypte, riche et fertile, a été de tout temps en butte aux dévastations des barbares qui l'entouraient de toute part. Ces peuples qui habitaient l'Arabie déserte, les rivages couverts de sable de la Mer-Rouge, la Libie, la Scythie, les côtes et les déserts d'Afrique, venaient par troupe ravager l'Egypte et s'approvisionner en pillant quelque fois des provinces entières ; c'était surtout après une saison rigoureuse que poussés par la famine, ces hordes s'ébranlaient et pénétraient jusques au cœur de l'Empire où ils commettaient toutes sortes de dépradations. C'est ainsi qu'en 2188, avant notre ère, sous le règne de Timaos, dernier roi de la XVI dy-

----

(1) Toutes les religions s'accordent sur ce point , que Dieu est le principe de tout ce qui est bon , juste et vertueux , recevra près de son trône et admettra en sa présence , les hommes justes , bons , sages et vertueux. Il est donc tout naturel de penser que le peuple adresse ces vœux à ceux qui sont placés près de Dieu et leur demande d'intercéder pour lui.

nastie, des hommes de races ignobles, venant à l'improviste des régions orientales, envahirent ce beau royaume dont ils s'emparèrent presque sans combat, l'histoire les nomme Hyksos (hixsos) la *Bible* les désigne sous le nom de pasteurs (1).

C'était, comme on le pense bien, une grande calamité pour le peuple ; aussi voyons-nous que presque toutes les épitaphes des Princes disent cette formule : *Dieu a combattu les ennemis de son peuple* ; ne soyons donc pas surpris de voir Atéphinofré invoquée comme une sainte, présenter à Dieu le Pschent, couronne royale, casque orné de l'Uræus emblème du pouvoir royal (Champollion, *pag.* 281). Ce qui veut dire qu'elle le supplie de bénir les armes du roi auquel elle le prie d'accorder la victoire, tandis que de l'autre main elle présente le Nilomètre (échelle du Nil) (2).

____

(1) Nous aurons occasion de parler de cette invasion.

(2) Cet instrument se compose d'une pièce de bois allongée, où, de la base au sommet, sont marqués des degrés pour indiquer les progrès et l'accroissement des eaux ; accroissement qui était proclamé et crié dans toutes les villes de l'Égypte, à chaque pouce d'augmentation.

La partie supérieure porte de chaque côté des barres croisées, ou nombre de cinq. Ces lignes saillantes comme les bras d'une croix, et de couleurs différentes, indiquent aussi des degrés ; celui du milieu à une marque particulière. C'était

Sans doute elle fut invoquée pour en modérer les débordements. Le dieu Ibis la précède, et semble la conduire près du dieu Orus ou la grande lumière, qui doit recevoir son offrande ; sa tête est surmontée du disque, derrière son siège est placé Isis. Cette déesse semble par ses gestes indiquer une palme, comme pour dire à son époux d'accorder à sa protégée, juste et vertueuse, les graces qu'elle sollicite au nom du peuple.

L'œil divin qui voit tout, la croix ansée marquant l'existence céleste du dieu, le laborum (signes distinctifs du pouvoir suprême), les palmes symboles de sa justice, tels sont les emblêmes

---

une calamité pour le pays , si les eaux dépassaient ou n'atteignaient pas ce point ; dès-lors on conçoit combien il importait pour le bien public , que les eaux atteignissent la hauteur indiquée sur l'échelle.

Il nous suffira pour prouver que notre héroïne fut invoquée pour modérer les débordements du Nil , de dire que ce n'est point sans intention que l'artiste lui a placé cet instrument dans la main : car , sur environ trois mille signes qui ornent la caisse , deux fois seulement nous le trouvons employé comme caractère hiéroglyphique, dans une prière. Et tandis que les *deux cent trente-cinq personnages* , qui y sont représentés, portent en main ou la croix ansée , la palme de la vertu , ou le fléau , la crosse , les étendards , etc. , etc. , ce qui est plusieurs fois répété ; deux fois seulement nous voyons le Nilomètre dans la main d'une femme qui figure dans seize tableaux.

de la puissance qui ornent ce cadre , dont l'architecture bariolée de diverses couleurs , se compose de plusieurs colonnes et d'une plate-bande. Le pavé semble une mosaïque à grands carreaux.

QUATORZIÈME TABLEAU.

Elle offre la première végétation à l'Esprit céleste d'Osiris (l'épervier).

Dans ce tableau , elle présente des végétaux : ce sont de feuilles vertes ; à ses pieds sont des plantes dont les feuilles sont épanouies. Le dieu qui reçoit ses présents est figuré par l'épervier, coiffé du disque entouré de divers attributs, symbole de l'esprit céleste de la grande lumière. Un soleil est placé près de sa tête.

QUINZIÈME TABLEAU.

Elle offre des fleurs et des fruits aux cieux.

Ici , elle offre des fleurs et les fruits précoces du printemps ; et c'est aux lignes bleues , représentant les cieux , qu'elle dédie ses présents.

Sur une table sont placés des fruits ; il est facile de remarquer à leur peu de développement que ce sont les premières productions d'une végétation peu avancée.

Dans une architecture à peu près semblable aux autres, on voit un poteau surmonté de quatre lignes bleues, c'est le pluriel de ciel, cieux (Champollion) ce qui semblerait dire que l'offrande s'adresse aux dieux des cieux.

—

SEIZIÈME TABLEAU.

Elle offre le pain , produit d'une riche moisson.

Placée près des arbres dont les fruits n'ont pas encore atteint toute leur maturité , elle offre aux cieux le pain , produit de la récolte des blés, comme pour les remercier d'avoir accordé une abondante moisson. Mais nous remarquons que l'artiste , pour nous indiquer l'ardeur des rayons du soleil et la chaleur de cette saison, a augmenté la coiffure de notre héroïne , d'une visière comme celle de nos casquettes, afin de garantir sa figure.

L'ornement , l'architecture et les caractères symboliques sont les mêmes que dans le tableau précédent

—

DIX-SEPTIÈME TABLEAU.

Elle offre les mélons et les pastèques , fruits de l'été.

Ici elle offre les fruits de l'été ; et c'est à l'épervier coiffé du disque, et aux emblèmes du

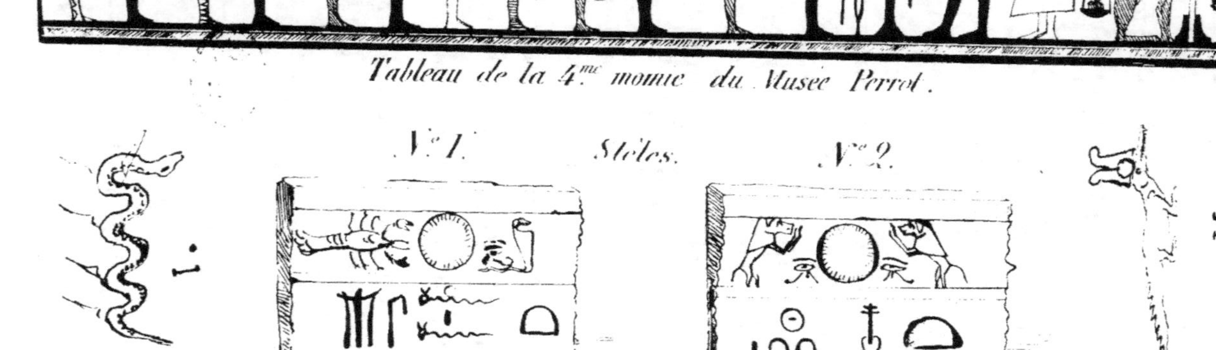

Pl. 4.

Tableau de la 4.me momie du Musée Perrot.

I.

N.° 1.   Stèles.   N.° 2.

II.

dieu soleil, que s'adresse l'offrande. Elle porte encore la même coiffure.

—

DIX-HUITIÈME TABLEAU.

Elle offre au dieu Orus et à la déesse Isis le vin provenant d'une abondante vendange ; elle rend le Nilomètre.

Atéphinofré, une coupe à la main, vient offrir au dieu Orus et à Isis la liqueur produite par la vendange. Osiris (la religion personnifiée) lui sert d'interprète pour porter au pied du trône céleste les actions de grace du peuple.

Nous ferons observer qu'elle tient dans une main le Nilomètre. Il semblerait dès-lors qu'elle vient rendre au dieu ce signe qu'elle reçut comme emblème pendant les six mois de production.

Les décors et tous les accessoires de ce tableau sont absolument les mêmes que dans le treizième.

Nous nous permettrons de faire ici une observation de la plus haute importance pour ce qui nous reste à dire sur les croyances des Egyptiens.

Dans ce dernier tableau, Osiris est l'interprète du peuple, il vient porter au pied du trône ses remercîments et ses actions de graces pour tout le bien que le grand Être a versé sur ses enfants. Dans le treizième, Ibis intercédait, près de la balauce ses fonctions n'étaient que *secondaires*, et dans le même tableau (dixième) Osiris était encore un intercesseur , et cependant tous nos égyptologues et , qui plus est , tous les anciens auteurs les ont désignés comme des dieux (1).

—

DIX-NEUVIÈME TABLEAU.

Ce dernier tableau est placé à l'extrémité inférieure du couvercle , sous les pieds. Une femme occupe le centre, deux grandes *croix ansées* pendent à ses bras qui sont élevés vers le ciel : nous croyons que cette figure est celle d'Atéphinofré. Deux autres figures , ayant tous les attributs de la justice (Thméi), occupent les extrémités ; elles ont la palme sur la tête et tiennent d'une main la croix ansée , de l'autre elles présentent des sceptres (Champollion). Deux grandes palmes sont placées sur deux autels.

En expliquant les dix-huit tableaux qui précèdent nous avons prouvé , nous le croyons du moins , qu'Atéphinofré avait été considérée par le peuple comme une sainte patronne dont on invoquait l'intercession pour obtenir du grand Dieu de la lumière , les biens et les fruits si utiles

---

(1) Nous invitons le lecteur à se rappeler ces observations, sur lesquelles nous reviendrons.

à la vie de l'homme, ce ne sont pas les seuls vœux qu'on peut adresser aux saints, on peut encore les prier d'intercéder pour une autre vie. Par la double croix ansée aurait-on voulu dire que les âmes justes et les fidèles, la reconnaissant pour la plus sainte parmi les saintes (les deux femmes avec les palmes et la croix) lui demandent protection pour être admises au ciel.

Atéphinofré a fini ses travaux ; elle a parcouru les six mois de l'année pendant lesquels règne le dieu du jour, qui semble l'accueillir avec bonté, pour la récompenser de ses peines.

Etrangère aux six tableaux qui sont placés au-dessous, nous voyons dans ceux-ci les emblêmes de l'hiver, de la nuit ou de la mort ; en un mot, les six mois pendant lesquels la terre est frappée de stérilité et la saison où notre globe est privé de la lumière, ou du moins elle ne se montre que faible et vaincue par la nuit.

La vache, le hibou, l'aspic, tels sont les symboles qui semblent régner sur ces six mois de deuil.

Pour peu qu'on étudie ce que nous venons de dire, l'on ne saurait manquer d'être frappé des rapports qui existent entre les représentations de ces douze tableaux, dont six appartiennent à la belle saison ou aux six mois pendant lesquels règne la lumière ou le soleil, et six autres à celui de la nuit, et les signes du zodiaque, ou les astres qui règlent la marche du temps et des saisons. Et quant à notre héroïne, nous devons conclure qu'elle a été placée au rang des constellations et des divinités du second ordre, qui sont invoquées par les mortels, car, le Nilomètre à la main, elle doit modérer les débordements du Nil, afin de procurer aux habitants de l'Egypte les richesses de la culture.

Dans un tableau, c'est l'offrande d'une végétation naissante, qui promet la plus belle récolte ; dans un autre, ce sont les fleurs du printemps ; plus loin, les productions de l'été ; enfin, les fruits de l'automne et de la vendange. Ces six mois de lumière sont suivis des mois des frimats et des ténèbres.

Après l'histoire de notre Momie, après même son apothéose dans le ciel, où nous voyons le rôle que la croyance de ce peuple lui fait jouer, nous pensons qu'il ne serait pas sans intérêt pour le lecteur, de démontrer par la comparaison, tout ce que les religions des Grecs et des anciens ont emprunté à l'histoire sacrée des Egyptiens, pour composer leur mythologie. On sera frappé surtout, de voir combien les noms des lieux ou des choses prêtent à la fiction.

Avant de passer à cet examen, nous avons cru devoir placer ici l'explication d'un tableau qui nous a paru assez intéressant.

TABLEAU

EXPLIQUÉ SUR UNE AUTRE CAISSE DE MOMIE.

(Planche 4).

Un épisode curieux nous est fourni par une peinture qui se trouve sur une des nouvelles momies que nous avons reçues et que nous nous proposons d'étudier. (Planche 4).

La première chose qui frappe l'attention c'est une balance, d'un côté l'on voit un génie élevant une palme, de l'autre est un monstre qui ressemble à une laie.

Ibis conduit une femme par la main, c'est celle qui vient d'être jugée ; mais ce génie qui, sans doute, fut son protecteur, élève haut le papyrus, comme pour marquer qu'il a triomphé de quelque grande difficulté ; les génies principaux du ciel viennent processionnellement recevoir sa protégée ; ils tiennent dans leurs mains les palmes des justes.

En effet, la laie semblerait indiquer que la femme qu'on vient de juger fut poursuivie par la calomnie jusques aux pieds du tribunal suprême; elle était, sans doute, accusée de gourmandise ou de gloutonnerie , car tous les peuples ont dit : *Gourmand ou glouton comme un porc;* néanmoins elle a été acquittée, grace à son protecteur et à sa piété indiquée par les feuilles de lotus qui la précèdent ; le monstre qui la poursuivait semble voir , avec regret , sa victime lui échapper ; il tourne la tète vers elle comme s'il grognait encore.

Nous avons cru devoir joindre la gravure à cette scène afin de prouver au lecteur , qui ne serait pas suffisamment convaincu, qu'on peut expliquer les peintures égyptiennes sans savoir lire les hiéroglyphes.

QUELQUES NOTES HISTORIQUES

SUR LES RAPPROCHEMENTS QUE L'ON PEUT FAIRE ENTRE LA MYTHOLOGIE DES GRECS ET L'HISTOIRE ÉGYPTIENNE.

Plusieurs auteurs anciens avaient déjà fait la remarque des rapports qui existent entre la fable des Grecs et l'histoire de l'Egypte au temps de sa plus grande gloire, c'est-à-dire dans les siècles des Pharaon et des Sésostris (1).

Nous lisons dans les mémoires de M. de Maillet, publiés par M. l'abbé Lemascrier, en 1735, deuxième partie, *pag.* 87, ce qui suit :

« Il me reste, Monsieur, à vous entretenir
» des cérémonies qui s'observent ici à l'égard
» des morts. Je ne vous parlerai point de ce que

----

(1) Horace semble s'être plu à rendre en latin l'idée attachée au mot grec *Mythologie* par la version purement littérale *Fabulæ manes*, *les morts dont on parle tant.* Cette définition nous montre sous quelle face la mythologie doit être considérée.

Ce qui prouve qu'à défaut de la connaissance du vrai Dieu, les Grecs divinisèrent des grands hommes.

» pratiquaient les anciens Egyptiens à cet égard;
» des folies que faisaient les femmes en ces oc-
» casions ; de la manière dont on embaumait les
» corps ; des drogues dont on se servait pour
» cela, ni de tant d'autres usages qui ont cepen-
» dant servi de fondements aux fables que les
» Grecs ont publiées sur le *Styx*, sur la *Barque*
» *de Caron*, sur *Minos* et les *Champs-Elysées*.
» En effet, supposé que l'ancienne Memphis
» fût située sur les bords de ce lac, qu'on appelle
» aujourd'hui *Birque de Caron* (le lac Méris),
» comme je crois l'avoir prouvé ; il fallait vrai-
» semblablement passer ce lac, pour porter les
» corps dans cette vaste plaine des momies,
» dont je vous ai entretenu, et je ne doute pas
» que ce passage n'ait donné occasion aux fables
» du *Styx* et de la *Barque*. Il pouvait de même
» y avoir de l'autre côté du lac un juge auquel
» on présentait les corps, afin qu'il en tînt un
» *registre*, aussi bien que des *certificats qu'on*
» *lui remettait de la bonne conduite des défunts.*
» Aussi quelques historiens anciens rapportent-
» ils qu'on exposait les corps des personnes mor-
» tes, afin d'avoir le témoignage du peuple sur
» leur bonne ou mauvaise vie (1), et ce juge

----

(1) Voir plus loin ce que nous disons de l'exposition des corps des Princes et des Rois, des juges et jurés, et des jugements du peuple.

» est sans doute le Minos des anciens. Vous con-
» cevez d'abord que toutes ces pratiques ne sub-
» sistent plus , non plus que l'usage d'embau-
» mer les corps. Les drogues dont on se servait
» pour cela , sont même aujourd'hui absolument
» inconnues. La suite vous fera voir cependant
» que les Egyptiens de nos jours conservent
» encore quelques traces des coutumes que les
» anciens observaient dans les funérailles. »

En lisant ce qui précède , on ne saurait manquer d'être frappé de la coïncidence qui existe
entre l'explication que nous avons donnée du
troisième tableau et la narration de cet auteur.
Il est vrai qu'il ne fait que supposer la possibilité
d'un juge , qui siégeait de l'autre côté du lac ;
mais c'est déjà beaucoup , pour une époque où
l'histoire de ce pays était si peu connue. Cette
hypothèse reçoit une pleine confirmation de la
représentation des peintures que nous avons expliquées , et plus encore des savantes descriptions de MM. Champollion , qui ne nous laissent
plus aucun doute à cet égard. Les jugements de
l'Amenthi, peints sur les tombes de la vallée de
Biban-el-Molouk , si bien expliqués par ces
égyptologues , sont enfin pour nous des preuves irrécusables de la justesse de nos interprétations.

Il nous restera donc à montrer combien les
Grecs ont emprunté aux Egyptiens pour la com-

position de leur mythologie ou de leur fable (1),
et pour ce qui tient à leurs pompes funèbres,
au jugement des morts, aux Champs-Elysées,
au passage de la barque, au chien Cerbère et au
jugement de l'âme. Mais comme toutes ces fictions
dépendaient des cérémonies religieuses adoptées
pour les pompes funèbres, et des obstacles qui
s'opposaient au transport des corps aux divers
points de sépulture, nous sommes obligé de dire
un mot de l'ancienne Memphis et de sa position.

Les auteurs les plus anciens sont peu d'accord
sur l'origine de cette ville. Les uns disent que
lorsque les enfants de Cham commencèrent à
peupler l'Egypte, ils établirent d'abord leur
demeure sur les côteaux avoisinants. Cette cité,
qui peu de temps après fut fondée et prit le nom
de *Momphta*, ce qui signifierait *Eau du Seigneur*,
sans doute en raison du lac Méris, au bord duquel
furent faites les premières constructions, et sur
lequel, plus tard, la ville dût être construite en
totalité.

Les auteurs Arabes disent que, dans le principe, c'était un village où l'on envoyait en exil,

---

(1) Μύθος dérive du mot égyptien *Muth*, Philon de Biblos
traduit l'expression *Mouth* par Διυκιος ou *Pluton*.

Ainsi le *Pluton* des Grecs était empruté du génie de la
mort, *Maut* ou *Mouth*, dont nous avons parlé dans la 2.me
partie du 1.er tableau.

et que son nom signifie la demeure des relégués ; mais que l'agrément de sa situation , la fertilité du sol voisin , plus encore la fraîcheur que les eaux du lac donnent même pendant les plus grandes chaleurs de l'été , enfin la proximité de la mer y attirèrent les princes dont les capitales étaient éloignées. D'abord ils n'y habitèrent que pendant quelques mois de l'année , jusqu'à ce qu'un roi , par qui l'Egypte était gouvernée , après avoir enrichi Memphis de palais somptueux et de beaux édifices , y transporta sa cour. Ces traditions feraient remonter l'histoire de cette fondation à plus de *cinquante mille ans* avant notre ère ; mais , dit l'auteur déjà cité , je sais qu'elles sont contredites par les annales mêmes les plus favorables à l'antiquité des dynasties d'Egypte , qui ne leur attribuent que *dix-sept mille ans* de durée , avant la naissance de Jésus-Christ.

Le même auteur (1) pense , avec raison, que malgré toute l'incertitude que de tels récits peuvent nous laisser sur la haute antiquité d'une ville qui a tant occupé les plus célèbres historiens de la Grèce et de Rome , et notamment Pline , il est évident que les premiers rois de cet empire occupèrent depuis un temps immémorial la Haute-Egypte ; ce qui est prouvé par les ruines de plu-

---

(1) L'abbé Lemascrier.

sieurs temples gigantesques situés jusque sous le Tropique et au-delà ; ce qui doit nous faire présumer que les capitales des anciens princes ne pouvaient être fort éloignées de ces lieux. Aussi l'histoire la plus ancienne de ces peuples place-t-elle le siège de l'empire tantôt à *Siène*, tantôt à *Thèbes*, ensuite à *Memphis*. Cet auteur suppose que ces villes étaient les capitales de trois états différents qui, pendant long-temps, se partagèrent l'Egypte, jusqu'à l'époque où l'un des trois princes qui régnaient sur ce beau pays, ayant fait la conquête des deux autres parties, les réunit sous un seul gouvernement dont la capitale fut Memphis. Cette dernière version serait propre à justifier l'erreur des auteurs arabes qui, sans distinguer trois royaumes ou trois dynasties régnant sur trois états à la fois, avaient placé ces règnes à la suite les uns des autres, et calculant sur la durée de chacun, avaient ainsi trouvé cette énorme série de *cinquante mille ans*, qui a paru assez peu probable à l'auteur des mémoires.

Les savants auteurs modernes, auxquels nous devons de si utiles recherches sur l'histoire ancienne d'un pays qui est encore trop peu connu, font sur l'antiquité de l'Egypte des remarques qui nous ont paru d'un grand intérêt.

« Notre esprit s'émeut profondément, dit Champollion, au spectacle de cette organisation morale et politique de l'ancienne Egypte, qui semble être sortie des mains du Créateur toute dotée des institutions les plus nécessaires à son existence et à son développement social ; on ignore, en effet, ses origines, *et aux époques les plus reculées auxquelles la critique historique a pu remonter, elle a retrouvé l'Egypte avec ses lois, ses mœurs, ses villes, ses rois et ses dieux,* et en arrière de ces mêmes époques, il y avait encore *des ruines d'époques plus anciennes.* »

A Thèbes, d'antiques monuments qui comptent trente-six siècles d'existence, furent construits avec les débris d'autres édifices qui, à cette époque, *pouvaient compter une plus grande antiquité encore ;* où remonte donc la véritable souche de ces générations successives de ruines?

Hérodote raconte qu'un grec (Hécatée de Milet), qui visitait l'Egypte, ayant été introduit dans les temples, se vantait devant un grand-prêtre d'une généalogie qu'il rattachait à un dieu (1), et qui comptait seize générations. Le prêtre lui montra 341 statues de grands-prêtres, en les lui comptant l'une après l'autre, depuis celle du dernier mort ; ce qui, en calculant à trois générations par chaque siècle, formait une série de pontifes, qui avait à cette époque *onze*

---

(1) Il descendait, disait-il, de seize rois, dont le premier était un dieu.

mille trois cent soixante-six années. Toutefois, en admettant, comme un savant critique l'a fait judicieusement observer, que dans les pays de l'Egypte, les hommes sont plus précoces et s'y marient plus jeunes, que dès-lors il convient de réduire à vingt-huit ans seulement, la durée d'une génération; ce nouveau calcul donnerait encore *neuf mille cinq cent quarante-huit ans*.

Le même auteur cite d'autres faits pour prouver la haute antiquité de l'Egypte. Les prêtres étudiaient l'astronomie; leurs temples étaient autant d'observatoires où l'un d'entre eux veillait alternativement. Ce prêtre devait ainsi passer une partie de la nuit en prière, et l'autre à observer les astres. Les observations étaient recueillies sur des livres à cet effet; or, d'après le calcul des prêtres, calcul puisé dans les révolutions solaires qui, disaient-ils, avaient eu lieu deux fois, c'est-à-dire que le soleil s'était levé deux fois là où il se couche, et couché deux fois là où il se lève, il y avait eu *vingt-cinq* périodes sothiaques de 1,461 années chacune. Ce calcul était rapporté dans les anciennes chroniques, d'après lesquelles la durée du règne de leurs dieux et de leurs rois aurait été de 36,525 ans (1).

---

(1) Nous ne savons pas jusqu'à quel point l'existence des 25 périodes sothiaques, dont il est parlé dans l'Egypte ancienne, peut être contestée; en attendant que la découverte

Si les recherches des célèbres naturalistes de notre siècle, prouvent que les versions des auteurs arabes doivent être considérées comme étant exagérées, elles sont favorables à l'opinion de M. Champollion et à celles de nos savants

---

de quelques monuments vienne la corroborer, qu'il nous soit permis d'observer que la critique n'a trouvé d'autre moyen pour annihiler cette longue suite de siècles, que de supposer que les lunes étaient comptées pour des années.

Pour être convaincu que l'année des Égyptiens était ce qu'elle est pour nous, c'est-à-dire de 365 jours (et comment supposer, en effet, qu'il en fût autrement, l'année se composant de quatre saisons trop distinctes pour s'y tromper, deux forment la période de vie de production de bonheur, les deux autres sont au contraire l'image de la mort, des privations, de la stérilité, et le grand Maître du monde les a si bien distinguées qu'il est impossible de s'y méprendre). Champollion nous donne les descriptions suivantes (Dictionnaire, *pag.* 6 et 7) :

Le 30 du mois de la Néoménie. Le 1.er 2.me ou 3.me du mois de Rhameses. « Les jours célestes de l'année, les jours épago- » mènes nommés par les coptes... le petit mois. Le signe du » chiffre ı au bas du groupe indique le 1.er des épagomènes ; » et les chiffres ıı, ııı, ıııı, ııııı, les 2.me, 3.me, 4.me et le 5.me » des jours complémentaires de l'année. » Cela nous prouve que les mois avaient trente jours, et les cinq jours épago- mènes prouvent aussi qu'ils servaient à compléter l'année composée de douze mois. De tels arguments sont assez convainquants pour anéantir la critique dirigée par un fanatisme mal entendu, dans le seul but de prouver l'infaillibilité des auteurs de la *Bible*, qui ont prétendu assigner la date de la création ; qu'importe, après tout, la date de la création du monde et de ces merveilles, lorsque tout révèle la puissance du Dieu qui l'a créé.

auteurs modernes, sur la haute antiquité des dynasties qui régnèrent en Egypte, ainsi que nous allons le démontrer.

La justification d'un tel nombre d'années ne pourrait être faite que par de savants astronomes ; nous qui sommes totalement étranger à cette science, nous nous bornerons à dire que le seul document qui présente quelque certitude c'est la liste de Manéthon, rapportée par Champollion-Figeac, *pag.* 269, mentionnant une série de trente-une dynasties, qui ont régné sans interruption en Egypte, depuis l'an 5867 jusqu'en l'an 331 avant l'ère chrétienne, époque où ce pays fut conquis par Alexandre. Ce qui fait une espace de 5,536 années, pendant lesquelles régnèrent 353 rois, dont cette liste donne les noms et les origines, et où ne se trouvent compris ni les noms ni le nombre des rois de la XV.e dynastie, qui était Thébaine, et dont la durée fut de 250 ans.

Les précieuses découvertes de Champollion viennent corroborer les listes de Manéthon ; elles nous donnent les noms de plusieurs rois des X.e, XI.e, XII.e, XIII.e, XIV.e et XVI.e dynasties, qu'il a lu sur des stèles en Égypte et dans divers musées, et qui sont parfaitement en rapport avec ceux donnés par Manéthon.

Ces listes seraient donc le monument le plus authentique de la suite des rois qui régnèrent sur l'Egypte ; car, la table d'Abidos, qui donne le nom du roi Mérenthés (XV.ᵉ dynastie , 2,500 ans avant notre ère) , et la suite des seize dynasties qui la suivirent , laisse une lacune pour les quinze premières que la vieille chronique de George-le-Syncelle ne peut remplir d'une manière satisfaisante.

« On a reconnu dans les ruines des plus anciens monuments de Thèbes , dit Champollion, où ils sont employés comme matériaux de construction , des débris d'édifices portant sculpté le nom d'un *des rois de la XI.ᵉ dynastie* ; dès cette même époque , en effet , et quelque reculée qu'elle soit , en arrière des origines de nos annales occidentales , les monuments contemporains où sont inscrits les noms de ces vieux rois, *surgissent des entrailles de la terre , et viennent, de leur antique autorité , corroborer et mettre hors des atteintes du doute , les monuments des temps postérieurs , où ces mêmes rois sont inscrits par les mêmes noms, et pour les mêmes époques.* (Les listes de Manhéton et les stèles royales.) Succession admirable de témoignages originaux en faveur de l'identité des hommes , des temps et des évènements. »

Nous laissons au lecteur judicieux le soin d'apprécier ce que nous venons de citer ; pour prouver la haute antiquité d'un peuple qui, déjà, 5,867 ans avant notre ère ; nous apparaît avec sa civilisation , ses lois , ses mœurs , ses villes , ses rois et ses dieux.

Notre intention n'étant point de soutenir sur un tel système les débats qui pourraient être soulevés par ce que nous venons de dire , nous déclarons ici que nous avons seulement cru que ces notions , extraites des ouvrages des savants que nous avons cités , ne seraient point sans intérêt pour nos lecteurs, et, si nous les avons rapportées , c'était seulement pour en conclure qu'il serait difficile , jusqu'à ce jour , d'assigner une date certaine à la fondation de la ville de Memphis , et à celle où commence le règne du premier roi de ce vaste empire.

Quoi qu'il en soit de l'antiquité de cette capitale , il est constant qu'elle était placée au bord ou peut-être sur le lac Méris , au temps de son plus grand lustre. La plaine des Momies était au nord du lac , et le Nil à l'est ; quelques-unes des Pyramides sont au-delà de la plaine ; divers canaux provenant de la conduite des eaux du lac ou de leur écoulement , coupaient les champs dans diverses directions , et devaient nécessairement présenter autant d'obstacles. On ne pouvait franchir le lac sans une barque ; il en était de même des canaux et du fleuve. En admettant qu'on y eût amené un guerrier , mort sur l'autre rive , on pourra ainsi s'expliquer les fictions des passages du Styx , de l'Achéron , du Cocyte, etc.

Le lac Méris est aujourd'hui encore appelé *Birque de Caron* ; près du lac, existe un château nommé *Château de Caron* (l'abbé Lemascrier). Il faut en convenir, voilà des noms qui prêtent beaucoup à la fiction des Grecs, et peuvent prouver la justesse de nos interprétations.

Ce passage du lac Méris aurait donné lieu à la fiction du passage du Styx ; celle dont nous avons parlé, dans l'explication du IX.e tableau, symboliserait le passage de l'Achéron ou du Cocyte, cité par tous les auteurs Grecs.

Les trois chiens qui gardaient le cimetière ont prêté admirablement à l'invention du Cerbère, ainsi que nous l'avons déjà dit ; et, il est évident que le Dante a décrit les divisions du champ des morts et des gardiens de cercles, de façon à y faire reconnaître celles que les Grecs ont données aux Champs-Elysées.

Nous avons dit qu'Isis était la lune ou la lumière de la nuit qui conduit Atéphinofré, allégorie de la nuit de la tombe que les morts parcourent et où ils ne sont éclairés que par la lumière douteuse de la lune ; elles traversent plusieurs cercles pour arriver devant le juge suprême.

Les Grecs qui avaient vu sans doute plusieurs peintures semblables soit sur des tombes, soit dans les temples où ces rites funèbres avaient été représentés, ne pouvant leur donner l'interprétation que nous avons donnée ; parce qu'ils ne connaissaient pas le fond de la religion des Egyptiens, bâtirent sur ce canevas la conduite des âmes par Mercure, les divers cercles que les morts étaient obligés de traverser pour arriver au trône de Pluton et de (1) Proserpine, près duquel on voyait un chien, Cerbère, (10.me tableau).

L'on nous pardonnera, en raison de son utilité, une récapitulation indispensable à l'intelligence du lecteur, mais dans laquelle nous serons forcé de faire quelques répétitions des faits qui ont servi de base à la mythologie des Grecs, et qui doivent nous prouver qu'ils ont tout emprunté aux Egyptiens.

Osiris, considéré comme l'esprit saint du dieu jour, ou Orus, et Isis, la divinité de la nuit, ont été adorés sous différents noms par tous les peuples de la terre. Hercule (2), Apollon,

---

(1) *Voyez* la note relative à Pluton (Mouth), *pag.* 90.

(2) Osiris. — « Osiris, régnant en Egypte, retira la nation
» de la vie misérable, indigente et sauvage qu'elle menait
» alors ; il enseigna à semer et à planter ; il établit des lois ;
» il apprit à honorer les dieux ; il inventa les arts et appri-
» voisa les hommes. »
Comme roi, ce nom d'Osiris ne figure sur aucun des monuments antiques que nos savants ont étudié jusqu'à ce jour, ce qui peut faire présumer que cette histoire remonte à une époque au-delà de toute tradition, mais nous devons en conclure que ce fut de cette piété qui le distinguait à un si haut

Bacchus, Adonis, ne sont autres que le soleil, qui, sous le premier nom, parcourt dans une année les douze signes du zodiaque, ce qui fut appelé *les douze travaux d'Hercule*. Diane, Hecate, ne sont autre qu'Isis ou la lune. Ainsi les

---

degré, puisqu'il enseigna aux hommes à prier, que l'Egypte a conservé le souvenir en donnant le nom d'Osiris à l'esprit céleste représenté par un épervier, ce qui veut dire, qu'il élève son âme à Dieu (Aller à Dieu), Esprit-Saint de Dieu. Par la même raison on a donné à l'âme du juste la figure de l'épervier.

Isis. — Au commencement du monde, l'homme ne vivait que d'une herbe d'assez bon goût mais peu nourrissante, Isis leur enseigna à faire du pain de froment et à manger le fruit du lotos ; c'est sans doute en souvenir d'une découverte si précieuse qu'on a donné ce nom à l'épouse de Dieu qui gouverne le monde (la lune est appelée *Isis*), et que sa coiffure représente un boisseau renversé.

Hercule. — C'est par erreur que les Grecs ont dit qu'Hercule était de leur nation : ce héros naquit en Egypte où il était connu dès la plus haute antiquité. Voici ce qu'en dit le président de Brosse :

« La terre était alors peuplée de monstres, les hommes étaient en petit nombre ; ils vivaient isolés et ne se prêtaient aucun appui contre tant d'ennemis ; ils périssaient presque tous par la rigueur des saisons, l'hiver les trouvait au dépourvu ; quelques herbes ou quelques poissons secs, ramassés sur les bords du fleuve après son débordement, étaient leur seule nourriture ; ils mourraient dans la retraite qu'ils s'étaient choisie, n'osant affronter les animaux qui les entouraient de toute part.

» Il se trouva un homme plus hardi ou plus audacieux qui osa braver leur rage, sans autre arme qu'une branche d'arbre dont il se fit une massue ; il leur disputa les bords fertiles

anciens peuples divinisèrent les astres et les planètes qui exerçaient une si grande influence sur
la terre et sur la vie. On voit que cette mythologie que j'appellerai , *céleste* est absolument la
même pour tous ces anciens peuples.

---

du fleuve et les poursuivit jusque dans les déserts de sable ;
il se vêtit de la peau d'un lion qu'il avait vaincu , car les
hommes alors n'avaient d'autres vêtements que des joncs réunis et attachés sur leurs épaules. »

Tel est l'Hercule égyptien , aussi est-il représenté couvert
d'une peau de lion et armé d'une massue raboteuse comme
un morceau d'arbre brut , tandis que s'il eût été grec , il
serait représenté avec le costume de cette nation et armé d'un
glaive ou d'une forte lance.

Protégés par Hercule , les hommes jadis épars se réunirent
en petite peuplade , c'est alors que parut Osiris qui , comme
nous l'avons déjà dit , leur enseigna à honorer Dieu et à cul-
tiver le grain. « Mais ces hommes n'avaient aucun langage ,
ils ne faisaient entendre , dit cet auteur , que des sons inarti-
culés qui ressemblaient plutôt à un grognement de bête ou
à des cris d'oiseau de proie qu'à un idiôme ; le besoin d'indiquer les objets les forçaient à désigner chaque chose par un
signe et un son articulé , créa ces noms et peu-à-peu la parole , l'exercice perfectionna le langage , mais comme chaque
peuplade adopta ou créa des noms selon son instinct , il
s'en suivit cette diversité de langues répandues sur toute la
terre. »

Plus tard , lorsque de ces peuplades éparses sortit un empire , les familles croisées ou réunies dans une ville , se com-
muniquèrent le nom des objets , la langue prit alors plus
d'extension , ils s'instruisirent réciproquement et le langage
de plusieurs n'en forma qu'un pour tous les habitants d'une
grande ville ; alors il n'y eut plus guère de diversité dans la
même province.

Passons maintenant aux rapports qui existent entre les croyances religieuses et les cérémonies.

Dans le premier tableau, on offre en sacrifice deux boucs, pour obtenir la protection des dieux ou des génies funèbres (Mouth).

Ulysse offre un sacrifice, ainsi que Thérérésias le lui avait ordonné, et tandis que la flamme s'élève vers le ciel, il évoque les mânes de ses malheureux compagnons qui n'avaient pas reçu les honneurs funèbres, afin que, ce pieux devoir rempli, les dieux lui accordent un heureux retour dans sa patrie.

La Sibylle de Cumes exige d'Enée, qu'il fasse un sacrifice sur la côte, pour apaiser l'âme d'un de ses compagnons, mort pendant son voyage.

Les Romains ne sont pas restés en arrière de cet usage, et nous voyons dans l'histoire les nombreuses offrandes et les hétacombes faites aux mânes de monstres, tels que Néron, Caligula, Domitien, etc.

Dans le deuxième tableau, deux magistrats reçoivent le témoignage de plusieurs personnes pour rédiger l'histoire du mort, certificat sans lequel il ne pourrait obtenir l'entrée des Champs-Elysées.

Champollion dit, qu'en outre de cette espèce d'enquête, il s'en faisait une autre plus solennelle : c'était celle de l'exposition du corps. Le défunt était placé sur un lit de parade, et pendant que ses parents et ses amis venaient assister au panégyrique prononcé par l'un d'eux ou par un prêtre, si une voix du peuple s'élevait contre ces éloges, si cette voix dénonçait et prouvait des crimes inconnus, les juges et les jurés prononçaient la condamnation, le mort était privé des honneurs funèbres, et le peuple battait des mains pour applaudir à cet acte de justice dont les parents ne pouvaient appeler. Quarante-deux jurés étaient constamment présents à l'exposition du corps d'un roi, que le peuple pouvait aussi condamner ou absoudre. La tombe même n'était pas un asile assuré pour les princes, et plusieurs ont été exhumés ignominieusement, et ont eu leur inscription martelée avec soin pour la faire disparaître, par suite de la découverte de quelque crime, connu long-temps après sa mort (Champollion).

Dans le tableau qui suit, notre héroïne fait valoir le certificat qu'elle vient d'obtenir, et qu'elle semble déposer aux pieds d'un autre magistrat qui doit prononcer en dernier ressort sur sa destinée. L'autorité de ce juge était immense ; car, les auteurs anciens disent que, lorsqu'on portait à ses pieds le corps du pauvre, si le témoignage du peuple ne lui était pas favorable, le juge apostrophait le malheureux, et le repoussant du pied, il lui disait : *Retire-toi, vilain porc.* Le mauvais génie le roulait avec ses bâtons dans une fosse , où la terre même lui était refusée.

D'après cet exposé , qui ne reconnaîtra ici , Eaque , Rhadamante et Minos , les trois juges de l'enfer des Grecs ?

Quant à ces trois magistrats ou juges , dont tous les auteurs ont parlé , peu sont d'accord sur le rôle important qu'ils ont joué pendant leur vie , et qui , sans doute , dut être celui de juges intègres , pour leur mériter une attribution qui doit durer jusqu'à la fin des siècles. Peut-être aussi , comme l'a pensé Fénélon , l'idée de ces trois juges vient-elle de quelque bon roi , qui rendait lui-même la justice , et terminait les différents qui s'élevaient parmi son peuple , ayant pour assesseurs deux de ses ministres.

Il fallait , comme nous l'avons déjà dit , traverser le lac Méris pour arriver à la plaine des Momies. Ce lac , dont les Grecs ont fait le Styx , s'appelle encore *Birque de Caron*. La profession de Nautonnier n'étant point gratuite , il fallait nécessairement payer le patron ; de là sont venues les fictions du passage de la barque , et du salaire de Caron , ce fameux *denier* sans lequel il eût repoussé le mort et refusé de le passer (1).

---

(1) Voilà sans doute l'origine du dicton qui subsiste encore, en parlant d'un dissipateur : Il ne laissera pas de quoi payer son passage.

Nous avons assez expliqué l'allégorie du Cerbère, par les trois chiens qui gardaient l'entrée des Champs-Elysées, et il est évident que la *Divina Comedia* du Dante a été empruntée à la division des cercles de ces lieux.

« Vis-à-vis le bourg de Manof, en tirant vers
» l'ouest, dit M. Lemascrier, est située la plaine
» des Momies ; elle peut avoir quatre lieues de
» largeur ; son fond est un rocher plat, qui au-
» trefois était couvert par les eaux de la mer,
» et qui se trouve aujourd'hui sous cinq à six
» pieds de sable. »

C'est dans ce rocher que ceux qui n'avaient pas le moyen de faire bâtir des Pyramides pour enfermer leurs corps après leur mort, et s'assurer par là un repos dont nous savons que les anciens Egyptiens faisaient un si grand cas, trouvaient à moins de frais des asiles qu'ils se persuadaient devoir être à l'abri de la fureur et de l'impiété des hommes, et de plus, garantir le retour de leur âme dans leurs corps, par le fait de l'inviolabilité de leurs tombes. Dans cette vue, ils avaient choisi un endroit de cette plaine, d'où il fallait commencer par enlever sept à huit pieds de sable mouvant, ce qui n'était pas un ouvrage peu difficile. En effet, pour en venir à bout, il était nécessaire de se servir d'une espèce de cuve sans fond, de sept à huit pieds de haut, qu'on enfonçait jusqu'à ce qu'elle touchât le roc, qui se trouvait sous le sable. On vidait ensuite tout le sable dont la capacité de cette cuve était remplie, et pour empêcher qu'il n'y rentrât, on ne négligeait rien pour bien boucher le fond de la cuve.

On comprend sans peine qu'il fallait souvent employer plusieurs jours à cette seule opération, le sable étant si fin qu'il s'insinuait, comme l'eau ou l'air, partout où il trouvait la moindre ouverture. Enfin, après avoir vidé la place et l'avoir parfaitement nettoyée, on commençait à creuser dans le rocher un trou d'un pied et demi ou deux pieds de diamètre; et lorsqu'on était parvenu à la profondeur d'environ six ou huit pieds, on travaillait à élargir l'ouverture, et de là on pratiquait des chambres dans la pierre.

Nous avons cru que ces détails seraient de quelque intérêt pour le lecteur, en outre qu'ils devenaient indispensables pour l'intelligence de ce qui nous reste à dire.

Il n'est pas douteux qu'à mesure que le nombre des morts d'une famille croissait, en proportion des membres qui la composaient et de la durée du temps, il fallait pratiquer dans le rocher de nouvelles petites chambres; le passage destiné à y conduire devait par conséquent se prolonger, et la galerie souterraine acquérir par la suite des siècles, une étendue de plusieurs centaines de pas.

L'auteur que nous citons nous montre la vue intérieure d'une chambre mortuaire ; les Momies sont rangées de chaque côté du mur ; celle du chef de la famille occupe le centre. Près la tête de chacune, se trouve l'urne canope, dans laquelle sont embaumés le cœur et les intestins ; aux pieds, sont placés des *stèles*, couvertes d'inscriptions hiéroglyphiques ; et contre les parois des murs, à quatre pieds de hauteur environ, est représenté le fameux scarabée roulant sa boule.

L'ouverture du souterrain était hermétiquement fermée par une pierre de la même nature que le rocher, et tellement bien ajustée que les joints en étaient imperceptibles, et que le sable ne pouvait s'infiltrer dans le caveau. Bientôt cette entrée était naturellement masquée par le sable, qui reprenait son niveau dès que l'on avait enlevé la cuve. Du reste, point d'inscriptions, point de signaux pour indiquer la place où se trouvait l'entrée de cette sépulture. La famille seulement le savait, et c'était un secret gardé avec soin, qu'à telle distance de deux points donnés, et où les lignes prolongées se croisaient, était la pierre qui fermait le tombeau.

Il est facile de concevoir, d'après ce que nous venons de dire, que pour arriver aux chambres souterraines, qui quelquefois étaient à une très-grande profondeur et à une fort grande distance de l'ouverture, il fallait parcourir de longs caveaux, noirs et humides, peut-être, parfois, remplis d'eau de filtration, et naturellement s'éclairer de torches ou de flambeaux, comme les voyageurs qui visitent les catacombes de Naples, ou le théâtre d'Herculanum.

Voilà, nous le croyons du moins, ce qui a pu donner lieu à la fiction du passage du noir Cocyte.

La même remarque pourrait être faite pour les corps qui étaient placés au centre d'une pyramide, dont les corridors étaient totalement privés de lumière. En décrivant les tombes royales de la vallée de Biban-El-Molouk, auxquelles chaque roi faisait travailler dès le commencement de son règne, ayant soin de faire peindre ou exécuter en bas-reliefs les principaux évènements de sa vie, dans de longues chambres qui se succédaient les unes aux autres, à mesure que son règne se prolongeait. M. Champollion fait observer que, s'il est des tombes qui se bornent à deux ou trois chambres seulement, dont la profondeur n'est en totalité que de trente à quarante mètres, il en est qui en ont jusqu'à quatre cents.

Il est évident que toutes ces choses étaient connue des Grecs, qui étaient les contemporains des dernières dynasties des rois de l'Egypte, et c'est des diverses circonstances que nous venons de raconter qu'ils ont bâti leur fable.

Plusieurs souscripteurs ayant témoigné le désir que notre lettre du 14 octobre 1843, insérée dans la *Gazette du Bas-Languedoc*, et adressée à M. J. Reboul, notre poète, fût jointe à cet ouvrage, nous nous sommes empressé de satisfaire à leur demande :

Nimes , le 14 octobre 1843.

A M. J. Reboul.

Vous avez été si bon, si indulgent; vous m'avez paru prendre un si vif intérêt à l'explication des peintures qui ornent la caisse d'une momie; vous avez eu la bonté de me dire des choses qui ont tant de valeur dites par vous , que j'ose espérer que vous me pardonnerez , Monsieur , de vous adresser cette lettre.

Il y a deux jours que M. ***, membre de l'Institut et l'un des savants les plus distingués de France , me fit l'honneur de visiter mon Musée, dont il convint que la richesse était extraordinaire. Il était naturel que je lui fisse l'explication des belles peintures qui ornent le sarcophage égyptien. Il parut d'abord adopter mes interprétations ; mais étant arrivé au n.º III , il me dit : « M. Perrot, ce que vous prenez pour une figure de femme est celle d'un homme, la première est toujours représentée par la couleur

» blanche, et celle que nous voyons ici à la cou-
» leur brun rouge. »

Je me permis de lui faire observer que je trouvais bien extraordinaire de rencontrer une figure d'homme dénuée de la barbe tressée, qu'ont toutes les autres figures représentant le même sexe, et plus extraordinaire encore, que son costume eût tous les détails de celui d'une femme, ce qui prouverait, du reste, l'erreur de ce savant, c'est que le n.° XII représente, ainsi que je l'ai dit dans ma Notice, « un mort » illustre, placé sur un lit de parade »; ce mort, qui a les insignes d'un grand prêtre, *a la figure blanche et porte une barbe noire tressée*..

Nous croyons devoir proclamer ici notre gratitude pour l'honneur que cet illustre savant a bien voulu nous faire; car nous lui devons la connaissance du nom du grand-prêtre dont nous venons de parler, *Atéphinofré, scribe attaché au service du temple d'Amon, à Thèbes* (1).

Cette précieuse découverte vint nous donner le nom du pontife dont notre héroïne était la veuve, en même temps qu'elle justifie l'explication que nous avions donnée du XII.ᵉ tableau.

L'explication du VIII.ᵉ tableau me parut vous faire tant de plaisir que je me permets de la re-

---

(1) Sir Gardner Wilkinson, dont nous avons déjà parlé, a dit que la femme s'appelait *Atéphinofré.*

produire ici , d'autant plus qu'elle fut aussi le sujet d'une remarque de la part du même visiteur :

« Disons d'abord que chaque congrégation (et l'Egypte était alors toute congréganiste), chaque tribu, chaque classe , chaque corps, appartenait à un ordre qui avait pour chef ou pour patron l'un des dieux ou des demi-dieux dont leur paradis était peuplé.

» Ce tableau est une allégorie des Ibis , des Anubis , des signes hiéroglyphiques , des Amulettes , etc.

» Une grande figure de femme nue , touchant à terre , avec les pieds d'un côté et avec les mains de l'autre , décrivant ainsi un arc irrégulier , est soutenue par trois figures ayant divers attributs ; un fleuve est couché à terre dans l'attitude qu'on donne ordinairement à cette représentation. »

Vous aurez remarqué , Monsieur , que cette dernière est couleur vert d'eau et qu'elle porte une barbe.

« J'ai cru reconnaître dans ce tableau la représentation de l'Egypte soutenue, protégée par ses génies et fertilisée par le Nil. En effet, ce fleuve, dont les pieds finissent avec ceux de l'Egypte , c'est-à-dire qu'ils atteignent la mer , a un bras dirigé au-delà de cet empire vers des ondes dont la source est inconnue.

» Il faut convenir au moins que l'artiste qui

a décoré ce superbe monument avait des connaissances géographiques, puisqu'il a eu le soin
de donner au fleuve une plus grande étendue
qu'à l'Egypte elle-même. » Or, cette observation seule détruirait l'objection du célèbre visiteur dont je vous ai parlé, et qui me fit l'honneur de me dire que *la figure à laquelle je don-
nais le nom de l'Egypte* « était la représentation du ciel. » Il faudrait en conclure que le ciel
ne couvre qu'une partie du cours du Nil et qu'il
est du sexe féminin.

Il est peut-être bien téméraire à moi, égyptologue d'un jour, d'oser relever les erreurs d'un
homme aussi hautement placé dans les sciences ;
mais M. ***, ayant lui-même pris plaisir à di-
vulguer notre conversation, ne saurait m'en vou-
loir de mes efforts pour justifier mon opinion.

J'ai reçu les trois premiers volumes du *Dictionnaire des Hiéroglyphes, de M. Champollion*, que M. le Ministre de l'Instruction publique m'a fait l'honneur de m'envoyer. Dès que
j'aurai l'ouvrage entier, et si je suis assez heureux
pour interpréter quelques-uns des signes symboliques et hiéroglyphiques qui doivent être la légende des peintures qui ornent le sarcophage,
je vous demanderai la faveur de vous les communiquer.

Pardonnez-moi, je vous prie, d'avoir osé
vous adresser cette lettre : si mon hardiesse vous

paraît téméraire vous ne devez vous en prendre qu'à vous, Monsieur, dont les paroles furent si bienveillantes et si propres à m'y encourager.

Agréez, etc.

PERROT.

Nous ajouterons ici qu'au moment où notre *Essai sur les Momies* (1) était presque terminé, nous avons eu la visite de l'Inspecteur-Général des études, M. Matter, qui, les 28 et 29 juin dernier, est venu entendre l'explication de notre Momie ; cet homme savant, qui s'occupe avec succès de la science des égyptologues, non-seulement nous a fait l'honneur de nous questionner sur diverses interprétations, mais encore nous a exprimé, avec bonté, son entière satisfaction des solutions que nous lui avons données.

J'ai cru devoir rendre public le témoignage d'un homme si avantageusement connu dans le monde scientifique, et qui attache un si grand prix à nos précieuses découvertes.

---

(1) Edition de 1844.

REMARQUES

L'HISTOIRE, LA RELIGION

LES SYMBOLES DES ÉGYPTIENS.

———

Les auteurs qui nous ont donné des traditions sur la religion des Égyptiens, sur leur rites et leurs symboles, ont-ils écrit avec certitude ? connaissaient-ils véritablement la langue sacrée des Souverains Pontifes de l'Égypte ? n'ont-ils pas supposé une croyance qui fut en quelque sorte calquée sur leurs propres erreurs ?

Telles sont les questions que nous nous sommes posées, après la conversation que nous nous avons eue avec le savant abbé Maret, professeur de théologie à la Sorbonne, et si avantageusement connu par son ouvrage sur le panthéisme.

S'il faut en croire Joseph, les hiéroglyphes furent inventés par les Souverains Pontifes et les Prêtres, lorsque les soldats d'une expédition ploclamèrent roi un de leurs chefs. C'est dans cette langue nommée sacrée qu'ils écrivirent l'histoire, les rites et les lois de leur culte. Le livre qui contenait tous ces mystères fut nommé *Livre Hermétique* (1).

Ce nom en dit assez. La puissance temporelle échappait aux mains débiles des prêtres ; il fallait qu'une autre puissance toute mystérieuse vînt remplacer celle qu'ils perdaient ; tout le prestige était là , il fallait régner par la religion.

Il y eut donc deux langues en Egypte : l'une (le Copte) était la langue vulgaire (2) ; l'autre (les hiéroglyphes) était la langue sacrée connue par les prêtres , eux seuls étaient initiés dans la traduction et la connaissance des mystères religieux qu'elle renfermait.

S'il en est ainsi , comment admettre que les auteurs grecs et latins, dans lesquels nos savants modernes ont puisé leurs recherches, aient connu la religion des Egyptiens ; sans doute que quelques notions , bien défigurées des coutumes du

---

(1) Ce fait rapporté par Champollion-Figeac , dans l'Egypte ancienne , remonterait évidemment à 5,867 ans avant notre ère , en admettant toutefois que le premier roi de la liste de de Manéton fût en effet le premier prince qui régna sur cet empire ; avant cette époque , il était gouverné temporellement et spirituellement par de Souverains Pontifes « dont l'antiquité » et la source remonterait à une époque que la critique n'a pu » assigner sans retrouver des traces d'une origine encore plus » ancienne. »

(2) Champollion.

peuple, ont pu arriver jusqu'à eux ; mais il faut faire la part de l'exagération des narrateurs et celle de l'ignorance des croyans, qui, confondant eux-mêmes les objets à *vénérer*, ont pu pousser le fanatisme jusqu'à *l'adoration*. De tels exemples ne sont pas rares aujourd'hui dans presque toutes les nations.

C'est ainsi que nous devons supposer que les auteurs ont écrit sur la religion de l'Egypte ; car s'ils avaient puisé dans le *Livre Hermétique*, et traduit fidèlement cette langue mystérieuse, nous n'aurions pas eu notre Champollion ; les philosophes grecs ont traduit toutes les langues de leurs contemporains, de même que de nos jours on traduit toutes les langues vivantes. Nous savons que ces auteurs avaient un grand intérêt à enrichir leurs Académies des mystères de cette religion, qui est la source où tant d'autres ont puisé, et de cette immense période de l'histoire égyptienne ainsi que la longue suite de ses rois ; à peine si dans leurs écrits, qui ressemblent toujours à des fables, ils mentionnent le règne de Sésostris (Ramsès premier), dont le nom était encore vivant dans leur mémoire ; ils semblent ignorer que vingt-trois dynasties de rois avaient précédé le règne de ce prince, qui vivait du temps de la guerre de Troie (environ 1,200 ans avant notre ère).

Ils étaient originaires d'Egypte, puisqu'ils

avaient émigrés de cet empire, et ils n'ont pu nous donner l'histoire de leurs ancêtres pas plus que celle de leur culte.

On ne peut présumer que ce fut par négligence qu'ils omirent un point aussi important, non plus que les savants qui illustrèrent l'empire romain, qui nous ont également raconté cette histoire de la même manière et avec la même concision ; s'il en était autrement, nous n'aurions pas aujourd'hui un si grand nombre d'égyptologues qui traduisent chacun à leur manière et par des méthodes si diverses les hiéroglyphes égyptiens.

Puisque les auteurs grecs ont gardé le silence sur cette langue dont ils n'ont pas même prononcé le nom, nous devons en conclure qu'elle leur était aussi inconnue que la religion.

D'un autre côté, si nous jetons un coup d'œil sur les événements qui se passèrent en Egypte du temps même des Hébreux, nous serons surpris du silence qu'en garde l'*Ecriture Sainte*.

Timaos, qui fut le dernier roi de la XVIme dynastie, régnait en Egypte, lorsque vers l'an 2188 avant notre ère, *des hommes de race ignoble, venant à l'improviste des régions orientales, envahirent tout ce beau royaume dont ils s'emparèrent presque sans combat ; ils opprimèrent les chefs du pays, brûlèrent les villes, pillèrent et dévastèrent les temples, réduisirent* les peuples à l'esclavage et s'emparèrent des femmes et des enfants.

Ces barbares sont nommés *Hycsos* ou *Pasteurs*, maîtres de l'Egypte, ils se choisirent un roi qui fut Salathis ou Satalis (1), ce prince fonda la ville des Aouaris qu'il fortifia de murailles, et dans laquelle il établit une garnison de *deux cent quarante mille combattants;* il régna dix-neuf ans.

Timaos chercha en vain à reconquérir son empire, il lutta pendant six ans, mais tous ses efforts échouèrent devant la place des Aouaris. Il mourut 2,182 ans avant notre ère, et avec lui finit la XVI.ᵐᵉ dynastie.

Les princes égyptiens qui composèrent la XVII.ᵐᵉ dynastie, les prêtres et les chefs du peuple se retirèrent en Nubie, au-dessus de la première cataracte dans une petite ville au bord de la Mer-Rouge (on croit que c'est à Siène).

L'historien Joseph dit que le peuple hycsos était juif, et c'est, sans doute, pour exalter l'antiquité de sa nation ; il en conclut que les ancêtres de sa race régnèrent sur l'Egypte. A leurs traits principaux, leur taille haute et grêle, on a cru retrouver les caractères de la race *Scitique ;* et l'on sait que les invasions des peuples

______

(1) Un auteur fort recommandable dit que ce peuple était arabe. Quoi qu'il en soit, il y a eu deux royaumes en Egypte, et cet état de choses dura pendant deux cent soixante ans.

de l'Asie étaient fréquentes dès la plus haute antiquité.

Les cinq premiers rois de la XVIIme dynastie firent tous leurs efforts pour reconquérir leur trône ; Ahmosis, sixième et dernier roi de cette famille, parvint, après plusieurs combats glorieux, à refouler ces barbares dans leur dernière retraite d'Aouaris, où il ne put les forcer, mais déjà, sous ce prince valeureux, l'Egypte était délivrée de ses oppresseurs (1).

Aménophis, 1.er roi de la XVIIIme dynastie, essaya vainement d'emporter cette place d'assaut ; après plusieurs tentatives infructueuses il traita enfin avec les barbares, qui se retirèrent dans leur pays.

C'est donc en l'année 1928 avant notre ère que finit le règne des Hycsos ou Pasteurs, qui avait duré 260 ans, et dont les rois sont tous désignés dans la *Bible* sous le nom de *Pharaons*.

Pendant cette période de deux cent soixante années, période de trouble et de soulèvement, puisque chaque prince de la dynastie légitime tenta de reconquérir son trône, et ne renonça à son entreprise que lorsque plusieurs défaites successives lui eurent prouvé l'inutilité de ses efforts, d'autres évènements se passaient dans le même pays.

---

(1) Egypte ancienne.

2,173 ans avant notre ère , c'est-à-dire *neuf ans après la mort de Timaos* , Abraham vint en Egypte , la famine le forçant à abandonner son pays, c'était pendant la quinzième année du règne de Salathis ; on sait de quelle manière il trouva des secours auprès de ce tyran qui le renvoya dans son pays comblé de richesses , mais surtout de vases d'or et d'argent , ce qui prouve que la science métallurgique fut assez connue des Egyptiens ; car on doit supposer que ces vases étaient les dépouilles des temples ou des palais des anciens rois d'Egypte. Il n'est pas à présumer que le peuple barbare fût aussi avancé dans les arts , cette hypothèse , qui ferait remonter à une époque plus reculée encore l'origine de ses vases, nous suggérerait de graves réflexions sur *la date du déluge*.

En 1967 , 206 ans après l'avenue d'Abraham, Joseph , son arrière-petit-fils , est vendu par ses frères , amené en Egypte où il devient l'esclave de *Pétéphré* (Putiphar), chef des troupes égyptiennes ; il est jeté en prison , mais des songes expliqués par lui sont l'origine de la plus brillante fortune ; on le voit passer de l'esclavage le plus rigoureux à la position la plus élevée : ministre d'un Pharaon (1). Celui-ci était encore un Hycsos.

---

(1) Des Pharaons et toujours des Pharaons (rois), la *Bible* ne donne jamais leurs noms de famille , elle ne parle d'aucun

C'est en l'année 1943 avant notre ère , et la 245.e du règne des rois Pasteurs , que finit la famine prédite par Joseph ; il devait être ministre alors , nous ignorons s'il le fut encore long-temps après ; ce qu'il y a de certain , c'est que dans les quinze dernières années du règne des Hycsos , il y eut plusieurs soulèvements contre ce peuple , puisque nous avons déjà dit qu'Ahmosis avait déjà conquis l'Egypte et l'avait délivrée de ses oppresseurs , bien qu'il ne se fût pas rendu maître de la forteresse d'Aouaris , puisque ce ne fut que sous Aménophis qu'ils capitulèrent.

Le silence de Moïse , sur les faits que nous venons de rapporter , semblerait faire croire qu'il n'y avait pas d'autres princes que les Pharaons qui eussent des droits au trône. A peine quatre siècles se sont écoulés depuis la venue d'Abraham , et il se tait sur les évènements d'une période si courte et si rapprochée de lui, que devons-nous en conclure ? Les despotes avaient-ils interdit toute relation sur ces évènements ? Pourquoi non ? L'histoire nous offre plusieurs exemples de cette nature , son silence nous autorise à croire que

---

des évènements qui se sont succédés , ni des rois légitimes et de leur exil , ni de leurs tentatives pour reconquérir leur royaume , du commencement de leur règne , de cette longue suite de dynasties qui se succédèrent , ni du rétablissement des dynasties légitimes.

nul égyptien de son temps n'était initié dans la connaissance des hiéroglyphes, le *Livre Hermétique* était fermé pour tous. Le saint prophète n'en était point excepté (1).

Comment expliquer le silence des Hébreux à ce sujet? Le peuple de Dieu n'a-t-il pas reconnu dans tous ces évènements, auquel il était impossible qu'il ne prit part ou qu'il ne prit au moins un grand intérêt, que la volonté divine préparait leur affranchissement en affaiblissant par ces luttes la puissance de leurs barbares oppresseurs (2).

Ce silence nous paraît inexplicable, et rien ne peut le justifier que l'ignorance de la langue sacrée dans laquelle ces évènements ont été consignés, et que non-seulement les auteurs de la

---

(1) En ce temps là, qui était savant, légiste, auteur, scribe? Les prêtres; qui écrivait l'histoire des rois et l'histoire sacrée? Les scribes attachés au culte; et le livre qui contenait toutes ces choses, le livre sacré était fermé pour tous : alors comme aujourd'hui on s'élevait contre les scribes (écrivains).

(2) Je lisais ce passage à un jeune étudiant de notre ville, voici la remarque qu'il fit :

« Les Hébreux avaient intérêt à nous cacher les vérités
» historiques qui eussent dévoilé leur origine, dont la con-
» naissance n'aurait pas été avantageuse à leur généalogie et
» à leur prétention exclusive de peuple de Dieu : ils ont pré-
» féré être accusé d'erreur ou d'ignorance que de détruire
» eux-mêmes leurs prétentions comme descendants des races
» royales qui régnèrent sur l'Égypte. »

Bibla, mais encore les auteurs grecs, ont complètement ignorés.

La proxilité d'Hérodote sur tout ce qu'il a pu découvrir de l'histoire des peuples qui le précédèrent, le détail qu'il nous a donné de leur progrès dans les sciences, de leurs mœurs, de leurs constructions architecturales et de leur législation, doivent nous faire présumer qu'il n'aurait pas négligé un point aussi important que celui du culte, surtout cette longue suite de rois qui régnèrent avant Sésostris, s'il en avait eu connaissance ; à l'époque où cet auteur a parcouru l'Egypte, l'empire, déchu de sa puissance, n'était déjà plus que l'ombre de l'ancien empire, dont les rois avaient donné des lois au monde ; cette religion sacrée si rapprochée d'un Dieu seul et unique, puissant créateur de tant de merveilles, cette idée de création si analogue avec le principe où la religion avait puisé ses croyances, avaient perdu de cette homogénéité qui faisait sa force et la liait au pouvoir et qui, à son tour, la portait de ville en ville. Avec la rupture des liens temporels fut rompu le lien spirituel, chaque ville, chaque peuplade, fut abandonnée à ses propres inspirations.

C'est ainsi qu'à Canope, Hérodote pu voir sur un autel une urne (idée réservoir) que jadis le peuple consacra à Dieu pour lui demander de mettre fin à une trop grande disette d'eau ; dans une

petite ville, au bord du Nil, il trouva la constellation du chien (l'aboyeur) placée sur un piédestal et trônant dans le sanctuaire d'un temple
où il était invoqué pour préserver du débordement du fleuve (1) ; dans les villes des deux
Oasis il trouva que le bœuf Apis était invoqué
comme symbole de la culture et de la fertilité,
et peut-être partout des prêtres qui, franchis-
sant les bornes de leur pouvoir, laissaient
dépasser à un peuple ignorant les bornes de la
vénération pour de telles idoles.

Dans le cinquième tableau de cette description (*Voy*. la 1.re planche), le bœuf Apis est
représenté sur un piédestal, mais il faut observer qu'il a le disque sur la tête ; or ici le Dieu,
entouré de palmes, c'est le soleil, dont la justice divine est indiquée par les plumes d'autruche
(les palmes) ; le taureau n'est près de ce Dieu
que l'idée de la fertilité, de la production, et, en
effet, c'est le soleil qui fertilise la terre : ainsi
palmes et taureau ne sont que les emblèmes
de la divinité et de la puissance du Dieu soleil.

Le chien est représenté avec le disque, c'est
comme si on disait le dieu vigilant, fidèle gardien. Devant un tombeau, il désigne que le corps
est placé sous la garde de Dieu (2).

---

(1) *Voy*. l'explication de la croix ansée, *pag*. 53.
(2) C'est le *sub-ascia* des Romains.

Admettons que la révolution de 1789 eût anéanti le culte existant en Europe, que les temples fussent tombés en ruine, nous pourrions voir aujourd'hui un *lion* sur un piédestal, à Venise, dans l'église Saint-Marc ; à Padoue, **un** *porc ;* à Rome, un *bœuf*, un *aigle*, un *dragon ailé*, etc., etc. ; faudrait-il croire que c'étaient des Dieux que les Chrétiens invoquaient, et lorsque nous nous permettons des figures, voudrions-nous interdire aux autres de les employer ?

Dans les inscriptions et partout nous voyons des motifs d'erreur ; par exemple, les Egyptiens n'avaient pas donné un numéro d'ordre aux années, les évènements se transmettaient par les révolutions sotiaques, on désignait ainsi l'époque ; tel évènement eut lieu le 29.ᵐᵉ jour du mois de Rhamesès, Dieu (le soleil) étant près d'Urœus (constellation du serpent) ou de tel autre (l'écrévisse) (1) ; dans un autre, Dieu (le soleil) étant près du signe (constellation du singe), le 21.ᵐᵉ jour du mois de la gracieuse Néomenie (2), et ainsi de suite d'un nombre infini d'inscriptions où le nom de Dieu se trouve placé sous des figures qui sont celles des étoiles du firmament dont la quantité et innombrable. Or, si le

---

(1) *Voy.* la planche IV , la stèle , n.º 1.

(2) *Idem* , la stèle , n.º 3.

traducteur de ces cartouches (et rien n'est si dangereux que de s'en rapporter à un traducteur qui n'a pas une connaissance parfaite de la langue qu'il traduit) n'a compris que ce signe ⌒ qui veut dire Dieu, et n'a pu concevoir qu'il était relatif au globe (soleil) qui figure au contre des deux stèles, dont nous avons donné la gravure ; il a pu croire qu'il était relatif au serpent, au singe ou à l'écrevisse, alors il aura dit, dieu *serpent*, dieu *singe* ou dieu *écrevisse*, etc.

Un coup d'œil jeté sur le *Dictionnaire des Hiéroglyphes* de Champollion nous prouvera que c'est une erreur de croire que ces animaux étaient des dieux. Nous voyons à la page 176, un serpent mort percé de cinq glaives ; on lit : « Serpent mort avec des glaives fichés dans le » corps, c'est le grand serpent Apap, Apôph, » l'Apôphis, frère et ennemi du soleil, vaincu » par l'hercule égyptien, *c'est le Pithon* (1). »

Cette idée n'est autre chose que l'emblème du triomphe du soleil après la pleine lune de mars.

Le soleil est ici l'emblème de la vie qu'il rend au globe, le serpent est celui de la mort, les Grecs ont, en d'autres termes, raconté la même allégorie, ils ont dit qu'Apollon vainquit le serpent

______

(1) *Voy.* à la planche **IV**, la figure 1.

Pithon ; or, Apollon et le soleil ne font qu'un , et si nous jetons les yeux sur le système planétaire , nous voyons, en effet, que lorsque le soleil gagne sur l'hémisphère d'été , le serpent ahriman ou leviatan est refoulé dans la région d'hiver ; ce serait donc une erreur de dire que le serpent est un Dieu , il est tout au plus le tentateur des hommes, c'est, et permettez-moi la comparaison , l'ange déchu, Satan ou tout autre dont nous sommes bien éloignés de faire des dieux; si les Egyptiens l'eussent considéré comme tel , ils se fussent bien gardé de le représenter dans leurs inscriptions mort et percé de cinq glaives.

Parmi les nombreux exemples que nous pourrions puiser dans le *Dictionnaire de Champollion* , en voici un facile à comprendre , nous voyons , *pag.* 177 , un crocodille coiffé du disque (le soleil) , *pl.* IV , *fig.* 2 , flanqué de palmes, il s'explique par ces mots : « Le Dieu s'élève.

Evidemment ici ce n'est pas le crocodille qui est Dieu , puisque nous sommes convenus que c'est le disque, dès-lors cet animal doit indiquer le Nil, qui, pour la majeure partie des Egyptiens, se trouvait placé entre eux et le point où se levait le soleil ; de même que les habitants des côtes maritimes de l'Ouest pourraient dire que le soleil sort de l'Océan. Les géographes, auxquels

nous recommandons cette remarque , comprendront mieux que nous la métaphore de cette
légende symbolisée par le crocodile comme si
l'on disait : Le seigneur Dieu du jour (le soleil)
se lève sur le Nil , il sort du fleuve.

Nous l'avons déjà dit et nous le répétons ici ,
il nous a toujours paru impossible d'admettre
qu'un peuple, aussi avancé dans les sciences que
l'étaient les Egyptiens, eût adoré de telles idoles.

La conversation que nous allons rapporter
prouvera , peut-être au lecteur , l'erreur dans
laquelle la plupart de nos savants sont tombés.

« Je suis surpris, me disait un jour M. Alf.
» Maury, sous-bibliothécaire à l'Institut, que ,
» ne connaissant pas la valeur de vos figures ,
» vous soyez néanmoins parvenu à expliquer
» l'histoire de cette Momie, et, il faut en con-
» venir, votre interprétation est aussi étonnante
» qu'admirable , et cependant toutes les figures
» que vous désignez comme des servantes des
» gardiens ou des témoins sont des dieux et des
» déesses : ainsi dans votre premier tableau il
» y a deux Isis , je retrouve la même divinité
» placée derrière le juge dans le troisième , elle
» conduit Atéphinofré dans le cinquième et
» dans le septième , et la servante portière de
» ce tableau est encore une Isis.

» Devant les juges du second , il y a les dieux
» Tot ou Ibis , la déesse Thméi et Osiris , etc.

» Depuis long-temps j'assiste aux cours qui se
» font à Paris , et nos savants ne les expliquent
» pas autrement. »

Quelle apparence y a t-il , lui dis-je , que six
divinités viennent déposer devant des juges qui
sont placés sur une espèce de trône élevé sur une
estrade (2.me tableau), mais surtout s'il est vrai
qu'Isis, dans le 7.me tableau, conduit Atéphinofré par la main , peut-elle demander à Isis de
lui ouvrir la porte du ciel ?

Une autre fois on m'opposait l'histoire qui dit
que sous Cambyse , une ville attaquée par les
Égyptiens fut préservée, parce que les assiégés
garnirent leurs remparts de chiens et de chats,
ce que voyant , les soldats refusèrent de tirer
sur ces animaux, d'où l'on conclut que ce peuple les adorait.

Il y a peu de jours que m'entretenant de cette
histoire avec Monseigneur l'évêque de Nimes ,
j'eus l'honneur de lui adresser cette question :
Si , plusieurs siècles avant nous , les habitants
d'une ville d'Italie ou d'Espagne , assiégée par
une armée chrétienne , s'étaient avisés de gar-
nir leurs remparts des croix de leurs églises,
des ostensoirs, des statues de la sainte Vierge ,
des bannières et des vases sacrés, etc. , croyez-
vous qu'il ne serait pas possible de croire aujour-
d'hui que les assiégeants eussent refusé de détruire tous ces objets, sachant que tout cela était

sacré et qu'ils feraient un sacrilége en y portant même la main.

Monseigneur me fit l'honneur de me répondre qu'il le pensait ainsi , et par cela même qu'il partageait mon opinion.

Il est donc probable que les Egyptiens, sachant que les chiens avaient été consacrés à la constellation de ce nom (l'aboyeur) , et que les chats l'avaient été à Isis (la lune) , refusèrent de tirer sur ces animaux. Cela nous paraîtra plus vraisemblable, si nous nous reportons à une époque où le peuple végétait dans l'ignorance, et si nous tenons compte du fanatisme outré des orientaux (1).

Qu'on nous permette encore une observation , car nous craignons de fatiguer le lecteur par tant de recherches , pour prouver , quoi? les erreurs des autres , lorsque nous-mêmes si peu versés dans la science des égyptologues dans laquelle

-----

(1) La guerre de l'Algérie peut nous donner une juste idée de ce fanatisme , un Arabe s'est promis de tuer un ennemi , il faut que son vœu s'accomplisse ; il ne croit pas pouvoir obtenir le ciel sans cela.

Malgré les obstacles , les dangers , cet Arabe viendra frapper s'il le faut au milieu d'un camp , quelles que puissent être les conséquences de ce meurtre ; il est pris , jugé , menacé des derniers supplices , rien ne l'intimide ; vous pouvez tout sur son corps , il vous l'abandonne , mais vous ne pouvez rien sur son âme. A vos questions , à vos menaces , à l'appareil du supplice , il ne répond que ces mots : *C'était écrit* ou *Dieu est grand ! Mahomet est son prophète !*

nous débutons à peine , nous craignons tant d'errer ; mais nous avons cru devoir prévenir les objections qui pourraient nous être faites.

Un savant me disait un jour : « Votre système » a pour but de prouver que les Égyptiens n'a- » doraient qu'un Dieu en trois personnes , mais » cette triade se retrouve pour tous les dieux , » ainsi on lit sur un monument : Au dieu Tot ou » Ibis , fils de Tot et de Phra , et ainsi de suite » pour tous les autres dieux. » Nous observe- rons que Champollion , dans son Dictionnaire , donne au soleil les noms de Phra , Phré , Monphta , Uræus , Osiris , etc. , etc. , comme nous disons : Dieu puissant , juste , prudent , fort , sage , bon , Dieu des armées , etc. , etc.

Cette conversation me suggère une autre idée.

Nous avons déjà parlé dans une note du tombeau de Ramsès II , placé dans la vallée de Biban-el-Molouk , dont l'épitaphe porte : à RAMSÈS II, fils du DIEU RAMSÈS Ier, *Dieu a combattu les ennemis de son peuple.*

Le prophète Michée dit aux mages : « Vous » êtes des dieux et pourtant vous mourrez comme » les autres hommes , » ce qui prouve que ce titre qui n'appartient qu'à l'Être-Suprême était prodigué aux grands.

Devons-nous croire , d'après cette inscription , que RAMSÈS Ier était un Dieu? Non, me diront les savants, ce prince est trop connu; son nom était

Sésostris ; alors il faut supposer que ce titre de Dieu que lui donne son fils est l'équivalent de grand, glorieux ou puissant ; mais si nous adoptons une définition si raisonnable, du reste, tous vos dieux vont disparaître, *Tot* ne sera plus que le chef d'une peuplade qui par sa prudence mérita l'estime et le respect de ses voisins, et que son fils pour le distinguer du commun des hommes crut devoir qualifier *de Dieu* (1).

Ainsi tous ces titres pompeux de dieux se réduiront à grand, glorieux, puissant, sage, pieux, saint, etc., etc., en un mot, ce sera le DIVUS AUGUSTUS, *divæ faustinæ, Divus Antoninus,* etc., etc., des Romains.

Pardon lecteur, et vous savants égyptologues qui m'accuserez à bon droit de témérité ; mais dussé-je être taxé d'erreur, je dois déclarer ici, que la Momie que j'ai étudiée, et qui a été pour moi un professeur dans cette science que vous

---

(1) Dans nos prières nous disons *Seigneur* pour *Dieu*, nous disons aussi *Seigneur* à un homme noble qui est baron ou comte de tel ou tel village ;

Si un indou trouvait un fragment des Litanies de la Vierge, et qu'il lût : *Turis Eburnea, Stella matutina, ora pro nobis.* Quelle idée se ferait-il de nos croyances, en prenant dans un sens propre ce qui n'est qu'une figure.

Il est des choses sous-entendues pour les uns qui seraient des énigmes pour les autres : il en était de même chez les Egyptiens qui, sous des noms et des titres divers, adoraient un seul Dieu.

illustrez, m'a appris que toutes les choses auxquelles on donnait le nom de Dieu *n'étaient que des constellations ou des vertus personnifiées*, en un mot, des *intercesseurs* auprès de Dieu.

Le peintre qui décora ce riche sarcophage, caractérise parfaitement tous ces signes et toutes ces personnifications. Il fit d'Apis (constellation du taureau), le symbole de la culture et de la fertilité ; du chien (l'aboyeur), celui du débordement du Nil ; le crocodille était l'emblème de ce fleuve ; Anubis fut celui du gardien des temples (vigilance) ; Ibis était le génie de la prudence et de la sagesse ; Osiris, celui de la religion et de la foi. Thméi, dont nous avons fait Thémis, était la justice et la vertu, etc., etc. Mais s'il en est ainsi nous seront réduits et forcés de reconnaître que le seul Dieu adoré par les Egyptiens, c'était *la Lumière ; la lumière qui échauffe et vivifie la terre. Le soleil sous le nom d'Orus était la Lumière ou le Dieu jour ; la lune, Isis, la Lumière de la nuit ; Osiris, l'esprit-saint ou l'âme de tous les deux sous la forme d'un épervier.* Telle était la *Trinité.*

Après avoir combattu un à un tous les motifs qui nous ont paru devoir être la cause des erreurs avancées par des auteurs modernes égarés par les traditions des Arabes, après avoir démontré celles qui ont pu faire errer les auteurs anciens , mais surtout Hérodote (1) , il ne nous restera plus qu'à faire une récapitulation des croyances religieuses des Egyptiens , et cette énumération donnera la preuve que nous n'étions pas nous-même dans l'erreur , lorsque nous avancions que leur religion était sage et raisonnée et non pas idolâtre.

L'explication du second tableau a dû nous prouver qu'ils croyaient aux bonnes œuvres puisqu'ils avaient personnifié les vertus , et qu'il fallait être pieux, juste , sage et vertueux, pour paraître en jugement.

Le cinquième, prouve qu'ils croyaient à l'immortalité de l'âme et à sa purification par l'eau.

Nous trouvons encore la preuve qu'ils n'ont pas cru à la métempsychose , car la femme dont nous avons suivi l'histoire n'aurait pu être exceptée d'une loi commune , et nous ne voyons ici aucune trace de ce purgatoire imaginé par les Grecs qui faisait dire à Platon , qu'il n'osait pas

---

(1) Pour prouver qu'Hérodote n'a pu nous donner des notions certaines sur la religion des Egyptiens , il suffit de lire son aveu rapporté dans l'ouvrage de Guérin de Rocher :

« Il faut désespérer d'avoir jamais rien des Egyptiens ; leurs
» livres sont perdus ; leur religion s'est anéantie ; ils n'en-
» tendent plus leur ancienne langue vulgaire , encore moins
» la sacrée ; la moitié de leur bibliothèque a été incendiée par
» les Romains , et l'autre moitié a servi à chauffer les bains
» d'Omar II , etc. »

marcher dans un jardin, dans la crainte d'écraser l'âme d'un égyptien, en foulant par mégarde un choux ou une laitue.

Ils ont cru à la résurrection des morts et à leur jugement, ainsi qu'à une récompense céleste pour les âmes justes.

Ils ont cru encore à l'intercession des saints placés près de Dieu.

Sont-ce là des idolâtres ?.....

LA FOI,

Osiris *croit* en Dieu, il enseigne à l'homme à prier Dieu, à élever son âme à Dieu, en un mot, c'est l'esprit céleste de Dieu.

LA PRUDENCE,

Ibis ou Tot, symbole de la prudence et de la sagesse ; il *espère* en Dieu.

LA JUSTICE ET LA VERTU.

Thméi est la personnification de la justice et de la vertu ; la vertu et la justice rendent l'homme *charitable* et bon.

Je ne sais plus quel artiste a représenté les vertus *théologales*, ni quels attributs il leur a donné pour les caractériser ; quoi qu'il en soit, on ne saurait disconvenir qu'il y ait ici une analogie frappante.

QUELQUES NOTES

LE BŒUF APIS,

Représenté comme Symbole, soit sur les Caisses des Momies, soit sur les Stèles. (Inscriptions).

(Champollion, pag. 117, 118 et 119.)

(*Caractère figuratif représentant un bœuf.*)

» Un taureau, la tête décorée du disque du
» du soleil, le caractère vie céleste devant son
» poitrail (la croix ansée), signifie Apis ;
» Le taureau devient le signe de l'idée, *être*
» *fort, être puissant*, et suivant Horapollon,
» *la force unie à la tempérance ;*
» Le taureau, précédé ou suivi *d'un Phallus*

» *qui répand le germe*, taureau *générateur* (1).

» Le taureau, précédé d'une étoile, désigne
» la constellation de ce nom. »

« Taureau portant une Momie, Hapi
» (Hapis) ; taureau mystique qui était censé
» emporter la Momie d'Osiris, et par imitation
» celle de tous les défunts à la catacombe. »

En effet, comme il fallait transporter les morts
à une grande distance, lorsqu'ils n'étaient pas
ensevelis dans la plaine des Momies dont nous
avons parlé, ils devaient faire un trajet de plusieurs journées de marche pour atteindre la vallée de Biban-el-Molouk, on se servait d'un
bœuf fort et vigoureux pour les transporter (2).

Nous voyons encore dans le même ouvrage
la représentation du taureau avec les signes sui-

______

(1) En Hollande, dans la cérémonie du mariage des Juifs,
un rabbin couvre la tête des deux époux avec le Thaleb, et
chacun des témoins leur jette un peu de blé sur la tête, ce
qui symbolise la fertilité et la fecondité (le fils du Rabbin).

(2) La Momie n.° 3 , de notre collection , représente un
taureau portant une Momie dans le tableau qui est placé sous
les pieds à la partie supérieure de la Caisse, ce qui désigne,
sans doute, qu'elle fut transportée par cet animal au lieu de
sépulture de la famille, qui devait être à une grande distance
de l'habitation.

vans : ᖒᑎᑎᑎ III , ce qui veut dire 133 bœufs ; d'autres chiffres hiéroglyphiques donnent jusqu'à 1,919 bœufs , enfin on trouve encore le chiffre ᖒᖒᑎᑎ I qui suit : la représentation d'une *vache* , ce qui est expliqué par 221 *vaches*.

Il est tout naturel de croire que les inscriptions, traduites par ce savant égyptologue , désignaient les troupeaux de bœufs qui formaient la richesse de celui dont il était parlé (1) , car il serait absurde de supposer qu'on eût voulu désigner *cent trente-trois* ou *dix-neuf cent dix-neuf* dieux Apis.

Les paragraphes que nous venons de citer prouvent évidemment que le bœuf pouvait être un symbole ; il était, en effet, celui de la *force* , de la *tempérance* , de la *fertilité* , de la *génération* , et il devenait encore celui *d'une cérémonie funèbre* lorsqu'il servait à transporter les morts , et il faut convenir que ce dernier emploi n'est pas celui d'un Dieu.

---

(1) Dans plusieurs provinces on dit encore , telle personne possède un bien (une terre) de *cinq* ou *dix* paires de bœufs , voulant faire entendre que ce bien peut occuper *cinq* ou *dix* paires de bœufs ou de mules pour labourer. (Dans nos pays on disait encore , il y a peu de temps , un bien de tant de couples).

Nous ne voyons rien ici, qui puisse faire présumer que le taureau fût considéré comme un Dieu, un seul cas pourrait donner quelque apparence à cette idée, c'est lorsque cet animal est représenté avec le disque du soleil sur la tête; mais nous ferons remarquer que le taureau sert à expliquer le soleil et lui donne l'emblême de la *fertilité*, comme si on disait : *Le Dieu soleil, fertilise la terre labourée préparée par le taureau.*

On a déjà vu ce que nous avons dit du crocodile de l'Urœus (serpent), du chien ou du chacal Anubis, nous ajouterons que l'Icnemon devait être considéré comme un génie bienfaisant, car il détruit les œufs du crocodile, et par cela même rend service aux hommes en les débarrassant d'un ennemi dangereux.

Mais de ce que les animaux, les poissons, presque tous les êtres vivants, et même les plantes, figurent comme signes hiéroglyphiques, dans une langue qui compte plus de vingt mille caractères, il ne peut en résulter que ces signes désignent des êtres divins adorés par les Egyptiens, l'admettre serait une erreur grave.

Si les Hébreux, qui restèrent quarante ans pour faire un trajet de moins de cent lieues, fatigués de ne manger que la manne qui tombait du ciel, et peut-être aussi n'attendant plus Moïse dont le séjour sur le Mont-Sinaï fut de quarante jours , érigèrent un veau d'or (un bœu, Apis). Il ne faut pas croire que ce fut pour l'adorer comme un Dieu , c'était un retour vers le culte égyptien. Nés serviteurs des Egyptiens , élevés dans leur famille et , avant leur désertion , ne connaissant d'autres pratiques religieuses que celle de leurs maîtres , ils invoquaient la fertilité et désirant manger autre chose que de la manne , ils demandaient à Dieu de rendre la terre fertile.

Tout en relisant ce qui précède , je me rappelais Hérodote ; on sait que cet auteur vivait dans le quatrième siècle avant notre ère , et nous avons déjà dit qu'il n'est pas possible de présumer qu'il eût connaissance des hiéroglyphes ; car , à cette époque , l'Egypte n'avait plus ni ses prêtres , ni ses rois ; cet empire divisé par les généraux d'Alexandre n'était déjà plus l'empire d'Egypte , comment serait-il possible de présumer que cet historien eût pu reconnaître le culte égyptien dans les débris de ce culte.

Au moment où j'écris , j'ai devant moi la copie d'une des belles pages du célèbre Sigalon , notre compatriote : c'est la vision de saint Jérome , *un lion* dort près du saint , et cela me rappelle le *lion* de *saint Marc* , l'aigle de *saint Jean* , le *taureau* de saint Luc , le porc de saint Antoine , le chien de *saint Castor* , l'*agneau* et la *colombe* qui décorent nos autels , le dragon de saint Michel , la *tarasque* de sainte Marthe , etc.,

etc. Pourquoi ces allégories dans notre religion ? ainsi que je l'ai déjà dit, si une révolution eût tout anéanti : temple, culte et statues, et qu'après plusieurs siècles on n'eût trouvé d'autres traces que les représentations de ces animaux dans les débris épars de nos temples en ruines, ce serait une énigme à expliquer que celle de dire ce qu'étaient nos croyances d'après ces indices ; ainsi s'est trouvé Hérodote, placé entre un peuple nouveau et ignorant et des ruines inintelligibles, des monuments magnifiques posaient devant lui ; les murs, les portes, les autels, étaient ornés de figures et d'images, dans ces inscriptions incomprises il a vu toutres sortes d'animaux, et il a cru qu'ils étaient adorés, il a vu des dieux où il n'y avait que des caractères ou des symboles.

Il faut bien peu de chose pour donner naissance à une erreur, il en faut moins encore pour l'accréditer !..... N'oublions pas que tous les législateurs, qui ont voulu fonder de nouveaux cultes ou de nouvelles lois, n'ont pu réussir à former des prosélytes, qu'en faisant passer pour vicieuses ou idolâtres les lois ou les cultes sur les ruines desquels ils voulaient élever un nouvel édifice ; en agir autrement eût été impolitique.

DU TITRE DE DIEU EN EGYPTE (1).

Extrait de la *Bible*, Ps. LXXXI.

« Dieu s'est trouvé dans l'assemblée des dieux,
» et il juge les dieux étant au milieu d'eux. »

« J'ai dit vous êtes des dieux, et vous êtes
» tous enfant du très-haut. »

« Mais vous mourrez cependant comme des
» hommes, et vous tomberez comme l'un des
» princes. »

« Saint Paul áux Corinthiens, Chap. VIII :
« Car encore qu'il y en ait qui soient appelés

---

(1) Nous ne devons pas être surpris de trouver des énigmes dans une histoire écrite par des auteurs, qui vivaient à une époque ou l'on exagérait à plaisir les narrations, de telle sorte que les contemporains même eussent eu de la peine à démêler la vérité à travers les fictions dont elles étaient enveloppées, puisque la *Bible* même nous offre des textes qui pourraient donner lieu à de fausses interprétations.

» *Faisons* l'homme à *notre* image et à *notre ressemblance*.
» (dit le Seigneur) *Voilà Adam devenu comme l'un de nous*
» (texte Hébreu), sachant le bien et le mal, *empéchons*
» donc maintenant qu'il ne porte sa main à l'arbre de vie, etc.»

Catéchisme : Où est Dieu « R. Il est au ciel, sur la terre, en tout lieu. Dieu est infini.

Les Archanges et les Anges sont près de Dieu, ils sont donc infinis.

Nous prions les saints d'intercéder pour nous auprès de Dieu, mais si la prière du moscovite et du portugais sont en même temps entendues et exaucées par le saint, ce saint est partout, il est donc infini.......

» *dieux*, soit dans le ciel ou *dans* la terre, et
» qu'ainsi il y ait plusieurs dieux et plusieurs
» seigneurs, etc. »

Voyez ce que nous avons dit de Ramsès Ier, auquel son fils Ramsès II donne le titre de *Dieu*, au lieu de *grand*, Héchatée de Millet, se disant issu de seize rois, dont le premier était un *Dieu*, au lieu de *glorieux, puissant* ou *conquérant, etc.*

Ces passages prouveront à nos lecteurs que nous n'étions pas dans l'erreur lorsque nous croyons que ce titre pompeux de Dieu était donné, prodigué peut-être, non-seulement aux princes mais aux juges, aux gouverneurs de villes ou de peuples, comme l'équivalent de *grand*, *puissant*, *glorieux*, *pieux*, *saint*, *juste, etc., etc.*; mais alors combien de dieux sous des milliers de noms divers pourraient surgir de la terre par la découverte de toutes les inscriptions qu'elle récelle encore et qui pourraient trouver leur pendant dans la liste de nos barons, comtes, marquis, chevaliers, *seigneurs* de villages et de bourgs ?

MOMIE D'HOMME

DÉPOUILLÉE.

En voyant une Momie d'homme (n.° 2 de notre collection), les visiteurs nous demandent des explications sur la rareté des Momies de ce sexe ?

Il se peut que nous hasardions une conjecture , cependant nous croyons qu'elle n'est pas dépourvue de probabilité.

La Momie était jadis employée comme *drogue*, elle entrait dans la manipulation de certains médicaments , elle était employée comme couleur , on la portait en Europe dépécée en lambeau. Dans le principe ce n'était que le baume de ce nom qui était demandé ; lorsqu'il vint à manquer on employa la chair , parce qu'étant en quelque sorte identifiée avec la résine elle en avait pris toutes les qualités.

Les Momies d'hommes , comme chefs de familles , étaient mieux préparées , c'est-à-dire , qu'elles contenaient une plus grande quantité de baume ; elles offraient une qualité supérieure à celles des femmes et elles furent plus recherchées. Un autre motif excitait les Arabes à faire des fouilles , souvent on avait déposé à côté des corps d'hommes , des bijoux ou des figures d'idoles d'un métal précieux , ce qui était un double appas pour les rechercheurs de Momies. Ainsi les corps d'hommes furent enlevés de préférence et on laissa les caisses et les bandelettes éparses sur le sol des catacombes , dédaignant ceux des femmes et des esclaves.

Cela explique ce grand nombre de caisses vides , ces bandelettes et ces fragments épars retrouvés dans plusieurs tombeaux par les hommes qui sont venus après bien des siècles fouiller aux mêmes lieux , lorsque les savants ont fait un objet scientifique de l'étude des Momies.

Il est donc rare aujourd'hui de trouver un tombeau de famille qui n'ait pas été précédemment violé et dont le corps du sexe masculin n'aient pas été enlevés.

Les trois Momies que nous avons reçues en mars dernier (1845) , ont été trouvées dans une tombe près de Manoff (Memph) , par un riche propriétaire , et c'est aux soins obligeants et à l'amitié de M.... , l'un de nos consuls en ce pays, que nous devons de posséder ces monuments précieux.

Un groupe du Musée des Antiques

MM. les Souscripteurs ayant témoigné le désir qu'une Notice des richesses que nous possédons fût jointe à cet ouvrage , nous avons cru devoir céder à leurs instances en donnant une description , restreinte cependant , des objets précieux en partie trouvés à Nimes et dans le Midi.

AVIS.

Cette Collection est le fruit de vingt-cinq ans de recherches et de fouilles ; le but du collecteur était d'empêcher la dispersion des objets trouvés dans le Midi , il espérait qu'un jour l'administration, en sentant le prix, en ferait l'acquisition, trompé dans son attente , il désire vendre son Musée.

NOTICE DU MUSÉE PERROT.

Les richesses que le public est invité à admirer , forment un véritable Musée. Le fondateur de cette précieuse collection a mieux compris la valeur du nom qu'on donne à ces sortes d'établissements.

Un Musée doit être l'expression des arts de toutes les époques ; les artistes doivent y trouver des modèles et des objets d'études de l'art qu'ils professent , de même que les hommes instruits et les jeunes gens qui fréquentent encore les maisons d'éducation , doivent y trouver réunis tous les monuments de l'art depuis son enfance, dont le berceau fut l'Egypte , jusqu'à l'époque que l'on désigne sous les noms de Renaissance et de Moyen-Age , afin d'en suivre la marche et les progrès.

Enfin , un Musée doit être , pour tous , un cours d'antiquité appliqué à l'histoire.

COLLECTION ROMAINE.

MARBRES ANTIQUES.

N.º 1. STATUE DE VÉNUS, hauteur 1. m. 47 c.

N.º 2. APOLLON A LA LYRE, h. 1 m. 14 c.

N.º 3. PRÊTRESSE DE CÉRÈS, hauteur 1 mètre.

N.º 4. BACCHUS, hauteur 1 mètre 5 centimètres.

N.º 5. APOLLON AU CARQUOIS, h. 1 m. 5 c.

N.º 6. STATUE D'UNE VESTALE, h. 1 m. 33 c.

N.º 7. LE FAUNE AUX RAISINS, h. 57 cent.

N.º 8. UNE BACCHANTE, h. 58 centimètres.

N.º 9. STATUE D'ORPHÉE, terre cuite, par *Coustou*, de Montpellier, h. 1. m. 25 c.

N.º 10. ÉDUCATION DE BACCHUS, groupe.

N.º 11. CUPIDON DANS LA TUNIQUE D'HERCULE.

N.º 12. STATUE SANS ATTRIBUTS, h. 82 cent.

N.º 13. AGRIPPINA, FEMME DE CLAUDE ET MÈRE DE NÉRON, hauteur 86 centimètres.

N.º 14. VÉNUS AU DAUPHIN, hauteur 95 c.

N.º 15. STATUE DE JULIE, hauteur 87 cent.

N.º 16. TORSE, hauteur 48 centimètres.

N.º 17. PETITE STATUETTE DE VÉNUS, h. 25 c.

N.º 18. BUSTE COLOSSAL DE L'EMPEREUR COMMODE, hauteur 1 mètre 05 centimètres.

N.º 19. BUSTE DE JULIA CORNELIA PAULA.

N.º 20. BUSTE DE CYBELLE (Colossal).

N.º 21. Tête de Faune (Colossale).

N.º 21. Buste que l'on croit être Sénèque.

N.º 23. Buste d'un jeune Prince romain (Caracalla).

N.º 24. Terme.

N.º 25. Autre Terme.

N.º 26. Buste de Lucius Verus.

N.º 27. Buste d'une jeune Fille.

N.º 28. Buste de Pallas.

N.º 29. Buste d'un jeune Homme.

N.º 30. Tête de Jupiter.

N.º 31. Buste de Julia Maméa.

N.º 32. Buste de Julia Mésa.

N.º 33. Buste de Sapho (Grec).

Quel est l'artiste ? à quel ciseau devons-nous ce chef-d'œuvre de sculpture grecque ? « Ce » morceau serait remarqué même au Musée de » Florence » , me disait un jour M. le Marquis d'Arbaud-Jouques, qui venait précisément d'arriver de la capitale du Grand-Duc. Et plusieurs membres de la commission du Musée Calvet convinrent que ce beau buste qui , pour le faire et la pureté d'exécution, peut être comparé à la belle tête sans nez d'Arles , est cependant préférable à cause de sa parfaite conservation.

En effet, ce buste est complet, la couronne de laurier, dont plusieurs feuilles sont tout-à-fait détachées, est parfaitement imitée : les cheveux, le bonnet, les liens, les tresses , tous les détails sont d'un fini d'exécution. Enfin , le profil de la figure , la pureté des lignes , le sein , les draperies , en font un morceau admirable , et ce dernier titre ne saurait lui être contesté.

Plusieurs personnes ont pensé que c'était un buste de Sapho ; d'autres que c'est celui de la nymphe Uranie; quoi qu'il en soit, il faut convenir que cette œuvre peut être considérée comme étant la sœur de la Diane d'Arles.

« J'ai étudié les médailles de Mitylène , m'é-
» crit M. d'Arbaud-Jouques , sur ces médailles
» se trouve représentée la tête de Sapho , mais,
» j'ai remarqué que cette tête est loin d'être aussi
» belle que votre buste ; ce qui me fait présu-
» mer que ce serait plutôt celui d'Erine , rivale
» de Sapho ; comme cette dernière , elle rem-
» porta plusieurs fois le prix du poème. »

M. Reboul , notre illustre poète , me disait il y a peu de jours : « Un auteur italien vient de
» prouver qu'il y avait eu deux Sapho , l'une
» si célèbre par sa fin tragique (elle fit le saut
» de Leucate), l'autre qui , par ses poésies et
» sa grande beauté , mérita d'être surnommée
» la Muse de l'île de Lesbos. »

» Qu'importe Sapho ou Erine , me dit M. le
» comte de Luppé , si ce buste réunit toutes
» les perfections de l'art , et s'il est le chef-d'œuvre
» de l'un des plus habiles sculpteurs de la Grèce.
» Je n'ai rien vu dans les collections et les Musées

» d'Europe qui m'ait fait autant de plaisir :
» il y a dans cette tête une expression si spi-
» rituelle, si fine, qu'il serait impossible de la
» définir. Le célèbre artiste, dont le ciseau pro-
» duisit un tel ouvrage, ne voulut pas sans doute
» idéaliser une divinité en lui donnant des per-
» fections rarement réunies dans la nature ; il
» fit mieux, il fit un portrait qui n'est pas idéal et
» qui cependant est la beauté même, et auquel
» il sut donner la vie, prête à sourire, elle va
» parler. »

N.º 34. TÊTE DE VÉNUS.

N.º 35. TÊTE D'UN ENFANT.

N.ᵒˢ 36 et 37. TÊTES INCONNUES.

N.º 38. VÉNUS OU DIANE.

N.º 39. TÊTE CASQUÉE.

N.º 40. TÊTE D'UN GUERRIER.

Les n.ᵒˢ 41 jusqu'à 66 sont, en général, des têtes inconnues.

N.º 66. *bis*. BAS-RELIEF trouvé à Nimes en avril 1044.

Ce bas-relief, curieux, représente la jeunesse qui, avec le temps et la sagesse, découvre la vérité.

COLLECTION EN BRONZE.

Cette collection, dite *batterie de cuisine*, parce qu'en effet ce devait être les ustensiles dont on se servait dans les temples pour apprêter les viandes destinées aux prêtres et aux sacrificateurs, est la plus rare et la plus complète qui existe dans aucun Musée : 1.° par le nombre, 2.° par la variété, 3.° par la grandeur de quelques-uns des vases ; 4.° et enfin, par l'ornement, la richesse et la beauté des formes.

Elle se compose de 37 pièces.

Les n.°s 104 jusqu'à 115 forment une collection de casques, de ceintures et d'armes ayant appartenu aux soldats grecs.

FIGURES EN BRONZE.

N.° 116 HERCULE AUX POMMES DES HESPÉRIDES, hauteur 33 centimètres.

Cette figure tient dans la main gauche trois pommes, de la droite, elle s'appuie sur une massue.

La peau de la tête de lion recouvre sa tête, et le dessous de la machoire de cet animal vient former un ornement assez bizarre qui produit l'effet d'une chemise décolletée.

N.° 117. NEPTUNE CALMANT LES EAUX, h. 35 c.

La main droite levée, ce dieu semble commander à la mer ; le reste de cette statue, la figure, la barbe, les draperies, la pose, tout rappelle Jupiter.

N.° 118. GLADIATEUR, long dévelop. 54 c., hauteur 37 c.

La pose , le mouvement sont les mêmes que ceux de la fameuse statue de ce nom , dont celle-ci est une épreuve non réparée.

Les objets suivants , jusqu'au n.º 176 , sont des figures et des lampes en bronze.

VERRERIES ANTIQUES.

N.º 177. Urne cinéraire a anses.

Nous possédons 130 pièces de verrererie antique , vingt urnes en verre trouvées sous nos yeux par nos ouvriers , renfermant les cendres et les ossements humains , la plupart ont des formes d'une élégance admirable, elles contenaient souvent des objets précieux , comme bagues , médailles en or , bijoux, lacrimatoires , tasses , soucoupes , etc.....

POTERIE ROMAINE EN TERRE.

N.º 198. Urne Cinéraire en terre.

Les urnes en verre étaient un objet de luxe. Les plus précieuses sont celles qui ont des anses. Nous en avons possédé qui en avaient des triples de chaque côté; elles avaient été trouvées à Beaucaire, dans la propriété de M. Anthoine, médecin. Nous en possédions vingt de diverses dimensions, qui appartenaient à la belle collection que nous avons cédée à M. Th. Blaids de Leeds ; mais tandis qu'avec ces belles urnes en verre , on trouve souvent la lampe en bronze, avec l'urne en terre, on ne trouve qu'une lampe de la même matière, ainsi que les lacrimatoires, ce qui annonce que ces vases renfermaient les cendres de quelque obscur plébéin.

Nous possédons 100 urnes, lampes ou vases libatoires en terre.

MÉDAILLES.

Cette collection se compose de 2,000 médailles en or, en argent ou en bronze, grecques, consulaires, impériales et moyen-âge.

Il y a dans cette série beaucoup de revers rares; elles sont, pour la plupart, d'une très-belle conservation.

COLLECTION DES VASES ÉTRUSQUES.

Cette précieuse collection se compose de 30 pièces seulement, mais elle est aussi variée de forme qu'elle l'est par la grandeur de vases depuis le vase à parfum jusqu'à la tasse et la soucoupe. Tous sont peints avec les couleurs les plus vives et représentent des scènes historiques, on remarque dans le dessin cette pureté de ligne qui distinguait à un si haut degré les artistes de l'Etrurie, et de la grande Grèce.

COLLECTION MOYEN-AGE.

Nous venons de parcourir trois époques ou

trois règnes. Sous les Egyptiens, les arts étaient à leur naissance. Quelques-unes de leurs figures ont cette simplicité et cette naïveté d'un art qui commence, et qui n'a ni guide ni modèle, d'un art qui cherche à tâton à se perfectionner.

Nous avons vu le règne des Etrusques et des Grecs, et les vases décrits sous les numéros **224** et suivants ; le charmant buste grec représentant Sapho, désigné par le n.° **33** ; nous ont prouvé que les arts étaient à cette époque à leur apogée.

La Collection d'objets romains nous a démontré combien les maîtres du monde firent d'efforts pour atteindre la perfection dans la sculpture statuaire. Cependant, quoique les imitateurs des Grecs, et quoiqu'ils aient fait une infinité de chefs-d'œuvres, ils sont restés au-dessous de leurs maîtres.

Ce règne fut suivi de près de neuf siècles de barbarie, pendant lesquels de vains efforts furent tentés pour créer l'art, si je puis m'exprimer ainsi ; car, ceux qui s'y livraient ne cherchaient point à imiter leurs prédécesseurs. Ils faisaient un art à eux, comme ils créaient des ordres d'architecture ; et il faut l'avouer, nous devons à leurs efforts des églises et des monuments qui feront long-temps l'admiration des peuples.

La Collection de M. du Saumerar a montré à l'Europe entière quelles belles choses a produit le génie des artistes du moyen-âge, éclairés du génie des Michel-Ange, des Raphaël, des Primatici, des Birimini, des Cellini, des Vérochio, etc., etc. ; tandis que le Roman, le Bizantin, le Gothique, se disputaient le Castel et l'Eglise, et remplissaient les vides que laissent l'ogive et la colonette par des figurines de saints mêlés aux dieux du paganisme et aux chimères.

L'imprimerie, alors récente, propageait la connaissance de l'*Ecriture-Sainte* ; les Loges de Raphaël, reproduites par de nombreuses gravures, lui donnèrent la vie. Les moines, dans leurs cellules, par des vignettes illuminées, en reproduisirent les sujets sur leurs heures manuscrites ; les sculpteurs en ornaient les stalles des chœurs des églises, les sièges des abbés, des évêques, les portes (celle d'Aix), les fondeurs, les ciseleurs, les reproduisirent sur des portes en bronze pour les métropoles (Florence, Pise, Saint-Pierre-de-Rome), sans compter tant d'autres ouvrages. Les meubles sculptés furent une suite de ce goût dominant alors de faire des images de saints, de représenter leur vie soit en peinture, soit en sculpture. Les Papes et les princes les plus puissants protégèrent les arts et ceux qui les professaient. L'exemple fut suivi de proche en proche. Les artistes passèrent successivement du palais et de la cathédrale aux maisons religieuses, de là aux châteaux, aux manoirs et aux fermes.

Le groupe de Paul de Verochio, indiqué par le numéro **279**, représentant la Vierge, l'Enfant Jésus et le petit saint Jean, mérite une mention honorable ; les verres gravés par Cellini, les Vierges en ivoire, les vases, les urnes et dix-sept meubles sculptés par les plus célèbres artistes de cette époque.

Tels sont les objets que nous devons admirer dans cette collection.

N.º 260. Corbeille de Mariage.

Cette corbeille de mariage ou caisse de noce, était destinée à renfermer les riches étoffes données à la mariée, celle-ci est surchargée d'ornement ; la forme est celle d'un tombeau monté sur des pieds de lion ; la sculpture représente d'un côté la foi, de l'autre la charité ; ce dernier groupe est admirable et les sujets sont exécutés d'après les cartons de Michel-Ange ; au centre sur un écusson, sont trois montagnes couronnées, qu'on croit être les armes des Picolomini : Pie II et Pie III étaient de cette famille.

N.º 261. Deux Bijoutières incrustées en ivoire.

N.º 262. Autre Corbeille de mariage a fond doré.

N.º 263. Trosième Corbeille de mariage.

Celle-ci porte pour écusson un griffon ailé, qu'on nous assure être les armoiries de Sixte-Quint : ainsi, ce meuble magnifique aurait été donné, par ce Pape si célèbre, à l'une de ses nièces.

Les figures et les ornements sont traités avec un art parfait et un relief étonnant.

Un meuble sculpté ayant des groupes de figures en haut relief d'un travail admirable, et que nous croyons du 12.ᵐᵉ siècle, deux prie-Dieu, cinq armoires, un fauteuil et une table, bureaux, secrétaires, etc. Tous ces meubles sont d'une conservation étonnante.

N.º 279. GROUPE DE LA VIERGE, par Paul de Verochio.

Après avoir donné le détail des dix-sept meubles qui précèdent, et comme faisant suite à la sculpture sur bois, nous avons dû placer ici ce groupe, vrai chef-d'œuvre de cette époque.

La Vierge assise tient sur ses genoux Jésus debout, le petit saint Jean, appuyé contre elle, semble écouter la Vierge en regardant son jeune compagnon.

Les figures, les mains, les draperies, tout est d'une exécution parfaite et du plus joli dessin.

Nous devons à M. le marquis d'Arbaud-Jouques la connaissance du nom du célèbre sculpteur qui a exécuté ce beau morceau, qui a plusieurs de ses ouvrages exposés au Musée de Florence.

N.º 280. DEUX CHANDELIERS EN BOIS, SCULPTÉS AVEC ORNEMENTS ET OISEAUX.

N.º 281. CHRIST SUR LA CROIX, SCULPTURE EN BOIS.

N.º 282. LA VIERGE EN IVOIRE.

VERRES GRAVÉS PAR BENVENUTO CELLINI.

Gaz. du Bas-Languedoc, 3 décembre 1843.

On nous communique les détails suivants :

« Benvenuto Cellini a-t-il gravé sur verre ? Tout le monde sait que François I.ᵉʳ, enchanté de la beauté des ouvrages de cet artiste célèbre, qui se faisait remarquer autant par la finesse et le bon goût, que par la pureté du dessin, se l'attacha et l'emmena à Paris, avec le Primatici; mais l'histoire de cet artiste ne dit pas qu'il ait gravé des cristaux.

» Deux archéologues distingués qui ont visité le Musée d'Antiquités de M. Perrot, en voyant les deux charmants verres gravés que cet antiquaire leur montrait, s'empressèrent de lui dire : « Nous n'avons vu qu'au Musée de Munich un » coffret orné de médaillons en verres gravés par » Cellini, vous pouvez donner à cet artiste cé- » lèbre vos deux charmants vases, car il y a » identité dans le faire et dans les ornements. »

L'un de ces verres représente Vulcain, des héros d'arme près des trophés, l'autre représente des chasses au courre, au tir, au cerf, les pi- queurs sonnent du cor, les chiens aboient, les cavaliers poursuivent, toutes ces scènes sont vraies, animées et d'une exécution admirable.

FIN.